스페인어 고급 회화

Español para conversar

Español para conversar
nivel avanzado
스페인어 고급 회화

초판 1쇄 발행 2013년 11월 30일
초판 2쇄 발행 2020년 11월 10일

지은이 끌라우디아 마시아스·윤봉서
펴낸이 오세정
펴낸곳 서울대학교출판문화원

출판등록 제15-3호

주소 08826 서울 관악구 관악로 1
대표전화 02-880-5252 | 팩스 02-889-0785
도서주문 02-889-4424, 02-880-7995
이메일 snubook@snu.ac.kr
홈페이지 www.snupress.com

ISBN 978-89-521-1522-5 04770
978-89-521-1496-9 (세트)

스페인어 고급 회화

Español para conversar nivel avanzado

끌라우디아 마시아스 · 윤봉서 지음

서울대학교출판문화원

Español para conversar
nivel avanzado

Claudia Macías · Yoon, Bong-Seo

Seoul National University Press

머리말

『스페인어 고급 회화』는 2009년 『스페인어 초급 회화』, 2013년 『스페인어 중급 회화』에 이어 서울대학교 서어서문학과가 기획한 세 번째 스페인어 회화 교재에 해당한다. 이 책은 스페인어 회화 실력 향상을 위한 여러 주제들과 역동적인 연습 과제들을 실제적인 아이디어와 꼭 필요한 문법 내용들과 함께 제공하고 있다. 특히 이 책에 포함된 연습 활동의 내용들은 실제로 서울대학교에서 필자들이 수년간 진행한 강의에서 쌓아온 경험을 바탕으로 고안한 것이다. 이는 학생들의 열정적인 수업 참여와 피드백, 각종 시험을 통해 드러난 강의 효과뿐 아니라 스페인어 사용국가로 가는 교환 학생들의 스페인어 표현 능력의 향상을 통하여 검증을 거친 내용들이다.

이 책의 특징은 다음과 같다. 효율적인 학습을 위해 각 과에 필요한 관련 단어들이 그룹별로 찾아보기 쉬운 위치에 배치하였으며, 학생들이 매우 재미있는 방법으로 스페인어를 익히고 연습할 수 있도록 게임이나 놀이와 같은 연습 활동들을 고안하여 배열하였다. 특히 각 과마다 '오늘의 단어'와 '오늘의 문장'을 정리하여 학생들이 친구들과 함께 자유롭고 즉흥적으로 이를 응용하여 대화하며, 어휘 능력을 향상시키고 자주 쓰는 속담과 관용어들을 사용하도록 했다. 또한 문학적으로 아름다울 뿐 아니라 스페인 문화를 잘 이해하도록 도와줄 열다섯 곡의 스페인어 노래 가사를 수록하였다. 학생들은 이 노래들을 통해서 청취력을 향상시킬 뿐 아니라, 스페인과 라틴아메리카의 다양한 지역과 문화에 대해 알 수 있게 될 것이다. 이 노래들은 전부 유투브 등의 인터넷 사이트에서 쉽게 찾아서 들을 수 있는 것들이다. 또한 책의 말미에는 연습 문제 답안과 가위로 잘라서 쓸 수 있는 게임 재료들을 부록으로 수록하였다.

이 책은 실제로 스페인어를 사용하는 나라들 중 가장 많은 곳에서 사용하는 보편적인 스페인어 스타일에 입각하여 집필되었다, 예를 들면 기존 교재들처럼 2인칭 복수 인칭 대명사 'vosotros'를 사용하는 대신, 대부분의 나라에서 일반적으로 더 많이 쓰이는 'ustedes'를 사용하는 식이다. 또한 책 전체를 26개의 주제로 나누어 일상 생활에서 사용하는 회화를 담으면서, 필자들은 가장 실제적이고 재미있는 방식을 일관적으로 유지하려 노력하였다.

스페인어는 전세계에서 사용되는 가장 중요한 언어 중 하나다. 한국에서 스페인어를 배우는 사람들은 계속 증가하고 있으며, 앞으로도 그러할 것이다. 이 책이 우리 학생들에게 스페인어 회화 능력과 스페인어 청취력을 향상시킬 수 있는 훌륭한 길잡이가 될 것이라 믿는다. 끝으로 출판을 위하여 물심양면으로 도와주신 서울대학교출판문화원 관계자들께 깊은 감사의 말씀을 드리고자 한다.

2013. 11.

관악산을 바라보며

끌라우디아 마시아스 · 윤봉서 씀

INTRODUCCIÓN

***Español para conversar*, nivel avanzado** es el tercer libro de la serie que ofrece temas y dinámicas para la clase de conversación en español, con ideas prácticas y con los fundamentos teóricos necesarios. Las actividades incluidas son producto de años de experiencia en el aula, por lo cual hemos comprobado el resultado en el entusiasmo de los alumnos al finalizar el curso y en la capacidad que adquieren para salir a estancias de intercambio estudiantil en países hispanohablantes.

Entre las características de este texto están los grupos de palabras en los lugares apropiados con el vocabulario necesario, y las actividades que se proponen como juegos para que los estudiantes adquieran y practiquen su español de manera más divertida. En cada lección aparece "la palabra del día" y "la frase de hoy", para que los alumnos interactúen con sus compañeros libremente ampliando su vocabulario e incorporando refranes y dichos populares a su acervo lingüístico. Contiene también la letra de quince canciones en español para desarrollar la capacidad de audición, reconociendo variantes regionales en el habla cotidiana. Todas las canciones se pueden escuchar en Internet. El tipo de español de este libro es el que se habla en la mayoría de los países hispanohablantes, prescindimos por ello del uso de la forma 'vosotros' en la segunda persona del plural, dando paso al 'ustedes' más generalizado. De esta manera, el libro ofrece veintiséis temas de la vida cotidiana en forma práctica y amena. La importancia de expresarse en español aumenta día a día, por lo cual este texto se ofrece a nuestros estudiantes como un instrumento que les permitirá avanzar en su habilidad de conversación y de audición en español.

Deseamos agradecer al equipo de la editorial de nuestra universidad, SNU Press, por su apoyo para la publicación de este libro.

Seúl, noviembre de 2013

ÍNDICE

Canciones

ÍNDICE por TEMAS

Lección 01

Para romper el hielo

TEMA I Datos básicos para presentarse ante sus compañeros

1) Me presento ante el grupo

Hola, mi nombre es ____________ y en español ____________ / no tengo nombre.
Estudio la carrera de (전공) ____________ y estoy en el ____________ año.
Tengo____________años en Corea (나이), y nací en____________ (태어난 도시나 나라).
He estudiado español durante ____________ (과거에 스페인어를 공부한 시간).

* *Me presento. Presentarse con otros compañeros y recordar el nombre de cuatro que no conocías antes*

A: Hola, mi nombre es ____________, y tú, ¿cómo te llamas?
B: Yo soy ____________. Mucho gusto.

Mis nuevas compañeras
1. ____________________
2. ____________________

Mis nuevos compañeros
1. ____________________
2. ____________________

2) Durante las vacaciones. Para romper el hielo, vamos a conversar con nuestros compañeros

¿Qué hiciste en vacaciones?

[1] En estas vacaciones, viajé a Cancún / viajé por Europa / visité a mis... / fui a...
[2] No tuve vacaciones, porque estuve estudiando / estuve trabajando...

1. Mi compañero/a ______________________________.
2. Mi compañero/a ______________________________.
3. Mi compañero/a ______________________________.

Vocabulario *"romper el hielo": entrar en confianza*

di clases particulares	visité a mi familia en...	tomé clases de invierno
hice ejercicio	trabajé en una cafetería	fui al Campamento de español

3) La palabra del día

* *Pregunta a tus compañeros*

* Respuestas, en la LECTURA siguiente y en el anexo p. 202

1. ¿Qué palabras conoces con "drom" / "dromo"?

a) ______________ d) ______________
b) ______________ e) ______________
c) ______________ f) ______________

2. ¿Cómo se llaman estos animales?

a) ______________

b) ______________

Vocabulario *"giba adiposa" – joroba de grasa*

giba-joroba - 곱사등이	partícula - 접사	sufijo - 접미사	prefijo - 접두사

LECTURA

dromedario

- Viene del latín *dromedarius*, y este del griego *dromas* (= el que corre).
- Se puede decir, entonces, que el dromedario es un tipo de camello corredor.
- Con frecuencia este animal, que tiene una sola giba adiposa, se confunde con el camello que tiene dos jorobas.
- Pero el dromedario es más alto y resistente que el camello y, en especial, corre más rápidamente.
- La partícula 'drom-' participa también como sufijo en nombres de lugares donde se corre: hipódromo, canódromo, autódromo, velódromo, aeródromo, sambódromo, rocódromo, palíndromo, etc.

3. ¿Qué significan?

* *Ejercicio. Agrega la partícula "drom" / "dromo" y busca en el* Diccionario de la lengua española *(www.rae.es)*

* *Definiciones, en el anexo p. 202*

1. ______edario: ______________________________.
2. hipó______: ______________________________.
3. canó______: ______________________________.
4. aeró______: ______________________________.
5. veló______: ______________________________.

4) La frase de hoy

FRASE HECHA	SIGNIFICADO
1. Haz el bien sin mirar a quién.	El bien hay que hacerlo desinteresadamente. 좋은 일을 할 때는, 사심을 갖지 말고 해라.

* *Todas las frases hechas se encuentran en el* Diccionario de la lengua española, *22ª. ed. Real Academia Española*

DIÁLOGO

* *Lectura dramatizada entre tres compañeros, frente al grupo*

A: No entiendo bien la clase de gramática, es muy difícil y le tengo miedo al examen. Tú hablas muy bien español, ¿me podrías ayudar, por favor?

B: Lo siento, no tengo tiempo en estos días, estoy muy ocupado/a, pero ánimo, te va a ir bien. Adiós. (*Se va A y llega C*)

C: ¡Hola! No te he invitado a mi nueva casa, mi papá me compró un departamento de lujo en Kangnam y voy a dar una fiesta. ¿Tienes tiempo en estos días?

B: ¡Sí, claro! No tengo nada que hacer. Me encantaría ir a tu fiesta.

C. Solo que quisiera aprovechar para pedirte un favor. No entiendo bien la clase de gramática, es muy difícil y le tengo miedo al examen. Tú hablas muy bien español, ¿me podrías ayudar, por favor?

B. ¡Por supuesto! ¡Con mucho gusto! Tengo todo el tiempo disponible para ti.

* *Ejercicio. Pregunta a tus compañeros*

¿Cómo se puede aplicar (usar) esta frase? *Poner un ejemplo práctico*

- Mi compañero/a ____________ dijo que este refrán se podía aplicar (se podía usar), por ejemplo, cuando se ayudaba a ________________________.

5) ¿Qué puedes recordar de la clase?

* Respuestas, en el anexo p. 202

canódromo	giba	hipódromo	quien	adiposa
joroba	autódromo	bicicleta	confianza	dromedario

1. El fin de semana iremos al ____________ para ver las carreras de caballos.
2. Se llama ____________ a la especie de camello que tiene una sola giba y que es muy bueno para correr.
3. En el velódromo se corre en ____________.
4. El sinónimo de giba es ____________ y se dice que es ____________ porque ahí se reserva grasa y agua.
5. Hubo un grave accidente en el ____________, chocaron tres autos durante las carreras.

6. El camello tiene dos ____________.
7. ¿Sabes si en Seúl hay ____________? Quisiera saber cómo son las carreras de perros.
8. «Romper el hielo» es entrar en ____________ con los nuevos compañeros de clase.
9. Debemos ayudar sin interés de una recompensa, como dice la frase: «Haz el bien sin mirar a ____________».
10. La joroba es típica de animales como el ____________ y el ____________.

Lección
02

El «hubiera hecho...» no existe

TEMA 2 Pretérito pluscuamperfecto de subjuntivo del verbo "haber"

1) Saludo a mis compañeros al llegar a la clase

¿Hola, qué tal? / ¿Qué cuentas de nuevo?

- Hoy [no] me siento bien, estoy..., tengo...
- Nada nuevo, estoy bien, gracias. / Hoy tengo muchos trabajos pendientes.

2) La palabra del día

¿Cómo se les llama a las palabras mal pronunciadas o mal escritas?

1. ____________: Incorrección que consiste en pronunciar o escribir mal las palabras, o en emplear vocablos impropios.

* *Ejercicio. ¿Son correctas estas palabras? Escribe B o M*

* *Respuestas, en el vocabulario siguiente y en el anexo p. 202*

2. ( ) aereopuerto
3. ( ) hierba
4. ( ) yerba
5. ( ) estadunidense
6. ( ) diabetis
7. ( ) gripe
8. ( ) gripa
9. ( ) extricto
10. ( ) fustración
11. ( ) delincuente
12. ( ) interperie
13. ( ) línia
14. ( ) inaguración
15. ( ) perspectiva
16. ( ) habemos muchos
17. ( ) vinistes
18. ( ) fuiste
19. ( ) objecto

Vocabulario

hierba - 풀(식물)　yerba - 풀(식물)　diabetes - 당뇨병　estricto - 엄한

frustración - 좌절, 실망　delincuente - 범죄인　intemperie - 야외　perspectiva - 관점

aeropuerto　estadounidense　inauguración　línea　objeto

hay muchos / somos muchos　gripe / gripa (ambos correctos)　viniste / fuiste

barbarismo

- El Imperio Romano llamó "pueblos bárbaros" a todos los que estaban fuera de su territorio, considerando que tenían una cultura inferior a la suya.
- De ahí que a la incorrección que consiste en pronunciar o escribir mal las palabras, o en emplear vocablos impropios se le llame "barbarismo".

3) La frase de hoy

FRASE HECHA	SIGNIFICADO
2. Matar dos pájaros de un tiro.	Resolver dos problemas o dos situaciones con una misma acción. 일석이조.

DIÁLOGO

* *Lectura dramatizada entre dos compañeros, frente al grupo*

A: ¿Cuánto tiempo crees que haremos para llegar a Pusán?

B: Creo que si nos vamos directamente, unas seis horas.

A: Me gustaría visitar a mi tía que vive en Degu. ¿Crees que podríamos hacer esa parada?

B: Claro que sí. Degu está en el camino. Allí podremos comer algo y visitar a tu tía. Así, mataremos dos pájaros de un tiro.

A: ¿Qué dices? ¿Qué pájaros vamos a matar?

B: Ningunos pájaros... Así se dice. Quiero decir que podemos hacer dos cosas al mismo tiempo: visitar a tu tía y aprovechar para comer algo.

A: Ah... ya entiendo. Muy bien, vamos entonces a matar dos pájaros de un tiro.

∗ *Ejercicio. Pregunta a tus compañeros*

¿Cómo se puede aplicar (usar) esta frase? *Poner un ejemplo práctico*

- Mi compañero/a ____________ dijo que este refrán se podía usar, por ejemplo, cuando ____.

4) El «hubiera hecho...» no existe

A) **¿Qué hubieras querido comprar?** (Significa que no compró nada.)
1 2 3 [tres verbos, con participio regular]

B) ¿Qué hubieras *hecho*? (Significa que no hizo nada.)
1 2 [dos verbos, con participio irregular]

PRETÉRITO del SUBJUNTIVO *hubiera / hubiese*

- La forma del pretérito imperfecto de subjuntivo (hubiera/hubiese), expresa una hipótesis en tiempo presente o a futuro: Si *hubiera* tiempo, lo haría. | Si *hubiera* oportunidad, iría.
- Para esta lección, necesitamos el pretérito *pluscuamperfecto* de subjuntivo que se obtiene con el participio de otro verbo:

Hubieras ido a ver, estuvo increíble.	||	*Hubieras visto*, estuvo increíble.
Hubieras podido estudiar más.	||	*Hubieras estudiado* más.
Hubiera querido ir con ustedes.	||	*Hubiera ido* con ustedes.

- El pretérito pluscuamperfecto de subjuntivo indica una hipótesis en el pasado, una posibilidad que NO se realizó y que no se podrá realizar nunca.
- Por eso podemos decir: "El «hubiera hecho...» no existe".

* *Ejercicio. Completa junto con tus compañeros el ejercicio siguiendo el modelo*

* *Respuestas, en el anexo p. 203*

CASO 1.

auxiliar	participio regular	infinitivo	= 3 VERBOS

1)

(yo) hubiera	...ADO	...AR, ...ER, ...IR

MODELO: Hubiera aprovech**ado** para traba**jar**. (Significa que no trabajó.)

APROVECHAR- ...ado + AR, ER, IR

[1] (yo) Hubiera ____________ para____________. (Significa que ____________________.)

LLEGAR- ...ado + AR, ER, IR

2)

(tú) hubieras	...IDO	...AR, ...ER, ...IR

MODELO: Hubieras sal**ido** a com**er** con nosotros. (Significa que no comió con ellos.)

SALIR -..ido + AR,ER,IR

[2] Hubieras ____________ a____________. (Significa que ____________________.)

VENIR- ...ido + AR, ER, IR

CASO 2.

auxiliar	participio irregular	= 2 VERBOS

3)

(nosotros) hubiéramos	...TO

MODELO: Hubiéramos pues**to** más sillas. (Significa que no pusieron suficientes sillas.)

PONER- ...to

[3] Hubiéramos ____________ la película. (Significa que ____________________.)

VER- ...to

4)

(ustedes) hubieran	...CHO

MODELO: Hubieran di**cho** la verdad. (Significa que no dijeron la verdad.)

DECIR-dicho

[4] Hubieran ____________ la práctica final. (Significa que ____________________.)

HACER- ...cho

CASO ESPECIAL 3.

auxiliar	participio regular (el irregular no se usa) = 2 VERBOS

5)

(él/ella) **hubiera**	**...IDO / (...SO)**

MODELO: Hubiera conclu**ido** sus estudios. (Significa que no terminó sus estudios.)
CONCLUIR- ...ido (concluido / ~~concluso~~)

[5] Hubiera ____________ a Juan en el equipo. (Significa que ______________________.)
INCLUIR- ...ido (incluido / ~~incluso~~)

PARTICIPIOS IRREGULARES

∗ Leer todos juntos, en voz alta

...TO	(morir) muerto	(romper) roto	(proveer) provisto	(volver) vuelto
	(cubrir) cubierto	(poner) puesto	(abrir) abierto	(suponer) supuesto
	(escribir) escrito	(ver) visto	(descubrir) descubierto	
...CHO	(decir) dicho	(hacer) hecho	(satisfacer) satisfecho	
...IDO / (...SO)	(confundir) confundido-confuso		(incluir) incluido-incluso	
	(concluir) concluido-concluso		(convertir) convertido-converso	

∗ *Ejercicio. Escribe primero tu respuesta y luego pregunta a tus compañeros*

1. ¿Qué hubieras querido hacer en vacaciones?

[1] Hubiera querido dormir y descansar más en las vacaciones pasadas.
- En las vacaciones pasadas, (yo) ______________________________
____________ y ______________________________.

1. En las vacaciones pasadas, mi compañero/a ____________ hubiera querido ______________________________.
2. En las vacaciones pasadas, mi compañero/a ____________ hubiera querido ______________________________.
3. En las vacaciones pasadas, mi compañero/a ____________ hubiera querido ______________________________.
4. En las vacaciones pasadas, mi compañero/a ____________ hubiera querido ______________________________.

5. En las vacaciones pasadas, mi compañero/a ____________ hubiera querido ____.

2. ¿Qué hubieras querido hacer el año pasado?

[2] Hubiera querido viajar por América Latina.

- El año pasado, (yo) ______________________________.

1. ____________ hubiera querido ______________________.
2. ____________ hubiera querido ______________________.
3. ____________ hubiera querido ______________________.
4. ____________ hubiera querido ______________________.
5. ____________ hubiera querido ______________________.

3. ¿Qué hubieras querido *tener* / *ser* cuando eras niño/a?

[3] Hubiera querido tener un perrito. / Hubiera querido ser enfermera.

- Cuando era niño/a, (yo) ______________________________.

1. ____________ hubiera querido tener ____________________.
2. ____________ hubiera querido tener ____________________.
3. ____________ hubiera querido tener ____________________.
4. ____________ hubiera querido ser ______________________.
5. ____________ hubiera querido ser ______________________.
6. ____________ hubiera querido ser ______________________.

cantante mexicano

Lección **03**

Los avances tecnológicos

TEMA 3 Neologismos y extranjerismos en el área de tecnología

1) Saludo a mis compañeros al llegar a la clase

¿Hola, qué tal? / ¿Qué cuentas de nuevo?
¿Cómo te va? / ¿Cómo estás?

- Hoy [no] me siento bien, estoy..., tengo...
- Nada nuevo, estoy bien, gracias. / Hoy tengo un importante partido de futbol.

2) La palabra del día

∗ *Todos, de pie, preguntan a varios compañeros*

¿Sabes el nombre de algunas islas?

______________________ ______________________

______________________ ______________________

Isla ____________

Varias islas...

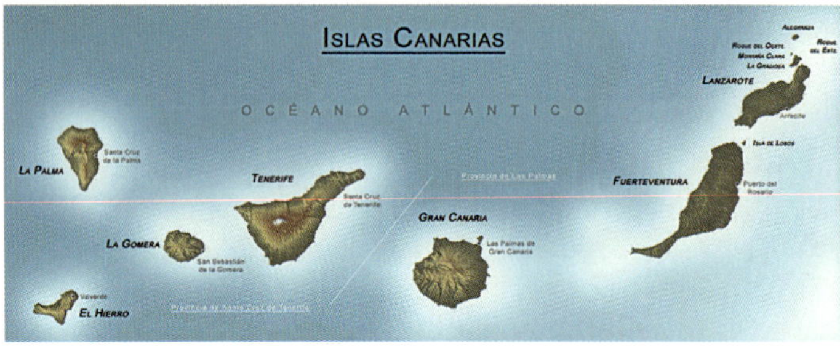

¿Cómo se le llama a un conjunto de islas, a un grupo de islas?

____________: Conjunto, generalmente numeroso, de islas agrupadas en una superficie más o menos extensa de mar.

archipiélago

Las Antillas son un archipiélago de América. El archipiélago del Caribe está formado por las islas de Cuba, Jamaica, Puerto Rico y la Española (dividida entre la República Dominicana y Haití).

3) La frase de hoy

FRASE HECHA	SIGNIFICADO
3. Al mal tiempo, buena cara.	Hay que saber sobrellevar los problemas de la vida con optimismo. 어려울 때일수록 긍정적으로 생각하라.

DIÁLOGO

* *Lectura dramatizada entre dos compañeros, frente al grupo*

A: ¿Qué te pasa? Te ves muy mal.

B: Acabo de quedarme sin trabajo. ¡No sé qué voy a hacer!

A: Mira, al mal tiempo, buena cara. Con preocuparte no vas a lograr nada.

B: Pero ya tengo 25 años y quiero ser independiente.

A: Te entiendo, pero lo mejor es tomar los problemas con ánimo. Además, apenas estás terminando la carrera. Con seguridad encontrarás otro trabajo mucho mejor.

B: Tienes razón. Te agradezco el consejo.

A: Te invito al cine y luego te ayudaré a buscar otras oportunidades en Internet.

* *Ejercicio. Pregunta a tus compañeros*

¿Cómo se puede aplicar (usar) esta frase? *Poner un ejemplo práctico*

- Mi compañero/a ____________ dijo que este refrán se podía usar, por ejemplo, cuando ____.

4) La era tecnológica

* Leer todos juntos, en voz alta

ciber- (De *cibernética*)

1. elemento composicional. Significa 'cibernético'. Por ejemplo: *ciberespacio, cibernauta.*

cibernético, ca.

1. adjetivo. Creado y regulado mediante computadora u ordenador. Por ejemplo: *arte cibernético, tecnología cibernética, avances cibernéticos.*
2. adjetivo. Perteneciente o relativo a la realidad virtual. Por ejemplo: *viaje cibernético.*

Internet.

1. ambiguo. *Informática.* Red informática mundial, formada por la conexión directa entre computadoras u ordenadores mediante un protocolo especial de comunicación. ORTOGRAFÍA. Escribir con mayúscula inicial.

emoticono.

1. masculino. *Informática*. Símbolo gráfico que se utiliza en las comunicaciones a través del correo electrónico y sirve para expresar el estado de ánimo del remitente.

* *Ejercicio. Dibuja algunos emoticonos junto con tus compañeros*

5) Aparatos y accesorios. Juego en equipo

* Respuestas, en el anexo p. 203

INSTRUCCIONES

a) Formar equipos con 3 o 4 compañeros.

b) Escribir en las líneas el nombre en español, sin consultar las respuestas del libro (puede ser con ayuda de sus diccionarios).

c) El grupo que acierte el mayor número de nombres en el tiempo indicado, ¡ganará!

1. 네트워크 카드

= ____________________

2. 노트북

= ____________________

3. 마우스

= ____________________

4. 메모리카드

= ____________________

5. 모니터

= ____________________

6. 무선인터넷안테나

= ____________________

7. 무선 랜(LAN) 카드 – USB

= ____________________

8. 스피커

= ____________________

9. 아이패드

= ____________________

10. 외장하드

= ____________________

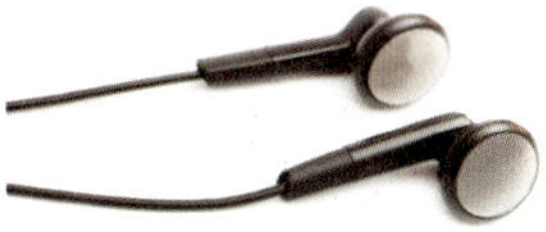

11. 이어폰

= ____________________

12. 인터넷 공유기

= ____________________

13. 전자사전

= ____________________

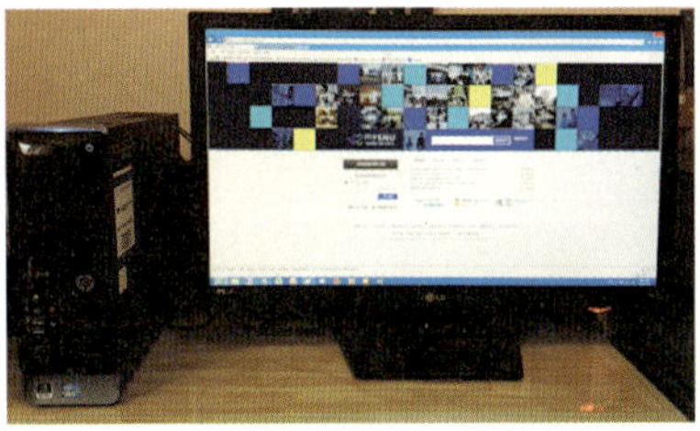

14. 컴퓨터

= ____________________

15. 컴퓨터 본체

= ____________________

16. 키보드

= ____________________

17. 프린터

= ____________________

18. USB

= ____________________

19. 아이폰

= ____________________

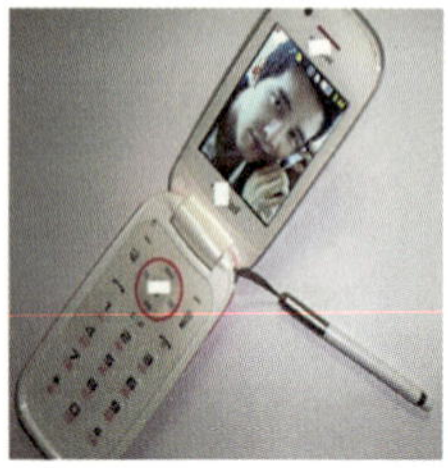

20. 핸드폰

= ____________________

21. 헤드폰

= ____________________

22. CD

= ____________________

23. mp3

= ____________________

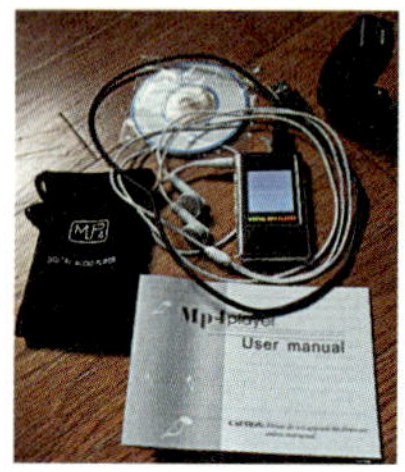

24. MP4

= ____________________

25. USB허브

= ____________________

26. 내비게이션

= ____________________

27. 스캐너

= ____________________

6) Ejercicio. Pregunta a tus compañeros y responde usando las nuevas palabras ¡en ESPAÑOL!

1. ¿Qué aparatos tienes de los que vimos antes? (3 cosas)

[1] (yo) Tengo una computadora portátil, una impresora y un escáner.

- Tengo un/a ____________, un/a ______________ y un/a ________________.

a) ____________ dijo que tenía un/a ____________, ____________ y _______.
b) ____________ dijo que tenía un/a ____________, ____________ y _______.

2. ¿Cuáles aparatos te gustaría cambiar o comprar? (2 cosas)

[2] Me gustaría comprar una antena nueva y un escáner.
- A mí me gustaría comprar un/a ____________ y ______________________.

a) A ____________ le gustaría comprar un/a ____________ y ____________.
b) A ____________ le gustaría comprar un/a ____________ y ____________.

3. Si fueras ingeniero/a en sistemas, ¿qué inventarías?

[3] Si fuera ingeniero/a en sistemas, inventaría una máquina de hacer tareas.
- Si fuera ingeniero/a en sistemas, inventaría ______________________.

a) ____________ dijo que si fuera ingeniero, inventaría ________________.
b) ____________ dijo que si fuera ingeniera, inventaría ________________.

4. Si tuvieras mucho dinero, ¿qué comprarías para ti?

[4] Si tuviera mucho dinero, me compraría una impresora láser.
- Si tuviera mucho dinero, me compraría un/a ______________________.

a) ____________ dijo que si tuviera mucho dinero, se compraría __________.
b) ____________ dijo que si tuviera mucho dinero, se compraría __________.

5. ¿Quiénes se benefician más con los avances de la ciencia, los mayores o los niños?

[5.1] No creo que haya diferencia.

5.2 No creo que los niños se beneficien más que los mayores.

5.3 No creo que los mayores se beneficien más que los niños.

- (yo) ____.

a) ____________ no cree que ______________________________.

b) ____________ no cree que ______________________________.

6. ¿Piensas que toda la tecnología es buena?

6.1 No creo que toda la tecnología **sea** buena.

6.2 Pienso que toda la tecnología **es** buena.

- (yo) ____.

a) ____________ no cree que ______________________________.

b) ____________ piensa que ______________________________.

7. Si pudieras, ¿qué avance de la ciencia prohibirías?

7 Si pudiera, prohibiría las armas químicas.

- Si pudiera, prohibiría el / la ______________________________.

a) ____________ si pudiera, prohibiría ______________________.

b) ____________ si pudiera, prohibiría ______________________.

7) Neologismos y extranjerismos, ¡cuidemos el español!

neologismo. m. Vocablo, acepción o giro nuevo en una lengua.

extranjerismo. Voz, frase o giro que un idioma toma de otro extranjero.

Sobre los extranjerismos, el *Diccionario panhispánico de dudas* de la RAE dice:

> "Todos los idiomas se han enriquecido a lo largo de su historia con aportaciones léxicas procedentes de lenguas diversas. Los extranjerismos no son, pues, rechazables en sí mismos. Es importante, sin embargo, que su incorporación responda a nuevas necesidades expresivas y, sobre todo, acomodándolos al máximo a los

rasgos gráficos y morfológicos propios del español."
Por ejemplo: *western* se aceptó en español como wéstern (película del Lejano Oeste).

Extranjerismos innecesarios

Son aquellos para los que existen equivalentes españoles con plena vitalidad. Ejemplos: *abstract* (en español, *resumen, extracto*), *back-up* (en español, *copia de seguridad*), *consulting* (en español, *consultora o consultoría*).

* *Ejercicio. Escribe junto con tus compañeros sus equivalentes en español*

* *Respuestas, en el anexo p. 203*

EXTRANJERISMOS INNECESARIOS	NEOLOGISMOS
1. *attachment* →	6. *icon* →
2. *post/posted* →	7. *web page* →
3. *back-up* →	8. *edit* →
4. *e-mail* →	9. *click* →
5. *link* →	10. *emoticon* →

8) Para conversar. Completa libremente las frases en equipo

1. Entre los avances tecnológicos, el más importante es ________________.
2. Para los jóvenes de hoy en día, el Internet ________________.
3. El Internet para los niños ________________.
4. El riesgo de abusar (너무 오랜 시간 동안 사용하는 위험) del Internet es que ________ ________________.
5. Una ventaja (유익한 점) del Internet es ________________.
6. Algunos avances tecnológicos que ya se considerarían antiguos son el/la y el/la ________________.
7. No es bueno que se abuse del teléfono celular, porque ________ ________________.

Lección
04
Tradición y civilización

TEMA 4 Vocabulario de geometría. Tradiciones locales y foráneas

1) Saludo a mis compañeros al llegar a la clase

¿Hola, qué tal? / ¿Qué cuentas de nuevo?
¿Cómo te va? / ¿Cómo estás?

- Hoy [no] me siento bien, estoy..., tengo...
- Nada nuevo, estoy bien, gracias. / Hoy tengo muchas ganas de estudiar.

2) La palabra del día. Resolver entre dos compañeros

* Respuestas, en el anexo p. 203

¿Cómo se les llama a estas figuras?

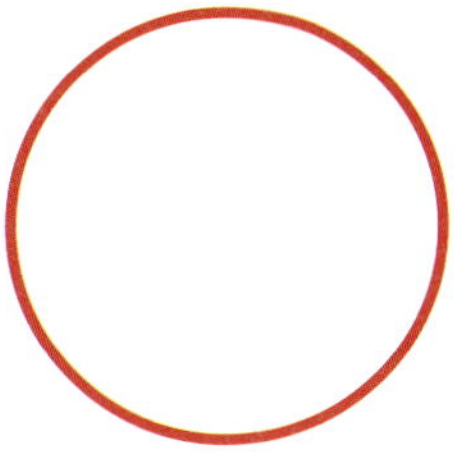
1. ____________________

2. ____________________

3. ____________________

circunferencia: Curva plana cerrada, cuyos puntos son equidistantes (등거리의) del centro situado en el mismo plano.

círculo: Área o superficie plana contenida dentro de una circunferencia.
esfera: Sólido terminado por una superficie curva, cuyos puntos equidistan todos de otro interior llamado centro.

∗ *Escribe nombres de cosas que tengan esas figuras, junto con tus compañeros*

Tienen figura de **circunferencia** (원주) 1. 2.	Tienen figura de **óvalo** (타원) 1. 2.
Tienen figura de **círculo** (원형) 1. 2.	Tienen figura de **rectángulo** (직사각형) 1. 2.
Tienen figura de **esfera** (공모양) 1. 2.	Tienen figura de **cuadrado** (정사각형) 1. 2.
Tienen figura de **cilindro** (실린더) 1. 2.	Tienen figura de **cubo** (정육면체) 1. 2.

3) La frase de hoy

FRASE HECHA	SIGNIFICADO
4. El que anda con lobos, a aullar se enseña.	Las personas se influyen mutuamente, en especial en el carácter y las costumbres. 근묵자흑.

DIÁLOGO

∗ *Lectura dramatizada entre dos compañeros, frente al grupo*

Mamá: Hijo, me preocupa que salgas demasiado con esos muchachos... Ellos no estudian ni trabajan, son flojos y no hacen nada en todo el día...
Hijo: ¿Por qué? No hago nada con ellos.
Mamá: Ahí está el problema, en que "no haces nada" con ellos... Ten cuidado, hijo, el que anda con lobos, a aullar se enseña.

Hijo: Me la paso bien, mamá, y ¿qué es eso de los lobos? .

Mamá: Las personas se influyen mutuamente, especialmente en el carácter y en las costumbres. Si siempre estás con ellos tú serás igual después, no estudiarás ni harás nada bueno para tu futuro.

Hijo: La verdad es que a veces no tengo tiempo para estudiar y tengo que hacer la tarea en la madrugada (새벽).

Mamá: Es mejor buscar compañeros que sean buenos amigos. También tu prestigio es importante, dime con quién andas y te diré quién eres. No lo olvides.

* *Ejercicio. Pregunta a tus compañeros*

¿Cómo se puede aplicar este refrán?

- Mi compañero/a ____________ dijo que este refrán se podía usar, por ejemplo: ____.

¿Recuerdas otro refrán parecido?

"Dime ____________ y te diré ________________________________".

(평소 가까이 지내는 사람들을 보면 그의 인간성을 파악할 수 있다.)

4) Tradiciones locales y de otros lugares

tradición.

1. f. Transmisión de noticias, composiciones literarias, doctrinas, ritos y costumbres hecha de generación en generación.

* *Ejercicio. ¿Cuál tradición es, cuándo se celebra?*

Algunos compañeros representarán sin palabras una tradición de Corea o de otro país y los demás adivinarán.

* *Sugerencias, en el vocabulario siguiente*

* Tradiciones de Corea

1. ____________ ________________________________.
2. ____________ ________________________________.
3. ____________ ________________________________.

4. ____________ ____.
5. ____________ ____.

* Tradiciones de otros países

1. ____________ ____.
2. ____________ ____.
3. ____________ ____.
4. ____________ ____.
5. ____________ ____.

Vocabulario

Navidad	Año Nuevo	*Chusok*	Fiesta de *Dano*	Día de Buda
Solnal	Quinceañera	San Fermín	Día de muertos	Día del niño
San Valentín	Carnaval	La Tomatina	*Halloween*	*White Day*

5) Cultura y tradición

cultura

1. f. "Conjunto de modos de vida y costumbres, conocimientos y grado de desarrollo artístico, científico, industrial, en una época, grupo social, etcétera", dice el *Diccionario de la lengua española*.

Cultura es el conjunto de formas y modelos mediante los cuales una sociedad regula el comportamiento de sus miembros. La cultura incluye costumbres, prácticas cotidianas, normas y reglas de la manera de ser, de vestir, normas de comportamiento, religión y sistemas de creencias.

Desde otro punto de vista, se puede decir que la cultura es toda la información y habilidades que posee el ser humano.

El concepto de cultura es fundamental para las disciplinas que se encargan del estudio de la sociedad, en especial para la antropología y la sociología.

* *Ejercicio. Pregunta a tus compañeros*

1. ¿Qué elementos forman parte de la cultura de un país?

1. ______________________ 2. ______________________
3. ______________________ 4. ______________________
5. ______________________ 6. ______________________

2. ¿Qué tradiciones y costumbres conserva tu familia?

- Primero escribe tus respuestas y compara con tus compañeros

1. ______________________ 2. ______________________
3. ______________________ 4. ______________________

6) Cultura clásica y Bellas Artes

Bellas Artes

Las Bellas Artes son aquellas producciones que el ser humano realiza para representar el mundo y la realidad que lo rodea de un modo particular, de acuerdo con la cultura de la sociedad en la que vive. Las Bellas Artes se pueden disfrutar a través de la vista y del oído, por lo cual casi todas las ramas artísticas podrían entrar dentro de este grupo.

En la cultura hispana, el arte y la cultura clásicos son conceptos que incluyen las distintas formas de expresar la belleza, provenientes de la época clásica o grecorromana. El *Diccionario de la lengua española* dice que antes eran seis y que, modernamente, se ha agregado el llamado "séptimo arte".

* *Ejercicio. Escribir en equipo las 7 Bellas Artes (sin ver libro ni diccionarios), el que termine primero ¡ganará!*

* *Respuestas, en el anexo p. 204*

¿Cuáles son las Bellas Artes?

1. ______________________ 2. ______________________
3. ______________________ 4. ______________________
5. ______________________ 6. ______________________
7. ______________________

7) Civilización frente a cultura

civilización

El *Diccionario de la lengua española* nos da tres definiciones:

1. f. Conjunto de costumbres, saberes y artes propio de una sociedad humana.
2. f. Estadio de la evolución de esa sociedad.
3. f. Progreso (avance). Por ejemplo: *Ha llegado la civilización a ese pueblo.*

La palabra 'civilización' aparece por primera vez en francés, en el siglo XVIII, y significaba la refinación de las costumbres. Civilización es un término relacionado con la idea de progreso, y más modernamente, de progreso industrial, tecnológico y científico que permite el desarrollo de las naciones para el bienestar de sus pobladores.

La civilización no es un proceso terminado, implica el perfeccionamiento progresivo de las leyes, las formas de gobierno, el conocimiento en todas las áreas, etc. Como la cultura, también es un proceso universal que incluye a todos los pueblos, aunque se ha relacionado más con las ciudades, ya que su origen viene precisamente del latín *civis* (ciudadano).

* *Ejercicio. Pregunta a tus compañeros*

¿Qué elementos formarían parte de la civilización?

1. ______________________ 2. ______________________

3. ______________________ 4. ______________________

- Hoy en día, civilización se entiende como progreso y, en especial, como el progreso industrial y tecnológico.
- Por su parte, cultura se refiere **más** a la conservación de tradiciones y formas de vida que se heredan de los antepasados.

¿Quién es más civilizado?

Un hombre que siembra con **tractor** es más *civilizado* que **otro** que utiliza una **yunta de bueyes**, porque aprovecha la tecnología para mejorar su trabajo.

¿Quién conserva mejor su cultura?

Hacer ceremonias para rendir culto a los difuntos es un factor cultural que se ha mantenido por siglos, desde el origen del hombre.

* *Todos, de pie, preguntan a varios compañeros*

¿Quién es más civilizado?	¿Quién conserva más sus tradiciones?
1. El que ____________	1. El que ____________
2. El que ____________	2. El que ____________
3. El que ____________	3. El que ____________

Lección

05 Las grandes urbes

TEMA 5 Condicional simple del modo indicativo

1) Saludo a mis compañeros al llegar a la clase

¿Hola, qué tal? / ¿Qué cuentas de nuevo?
¿Cómo te va? / ¿Cómo estás?

- Hoy [no] me siento bien, estoy..., tengo...
- Nada nuevo, estoy bien, gracias. / Hoy tengo mucha tarea.

2) La palabra del día

¿Cómo se le llama al que "vive de cabeza", abajo del mundo respecto de nosotros?

__________: Se dice de cualquier habitante del globo terrestre con respecto de otro que viva en un lugar diametralmente opuesto. Se usa en masculino y en plural.

* *Respuesta, en el vocabulario siguiente*

___ N ___ ___ ___ O ___ A (S)

Vocabulario

antípoda(s)- 대척점 diametralmente opuesto- 180도 반대방향에 있는
globo terrestre- Tierra (planeta)

Se le llama antípodas, igualmente, a los habitantes que viven al otro lado del planeta, respecto de nosotros.

La palabra viene del griego, "*pous, podos*" (pies), "anti" (opuestos), literalmente sería: pies opuestos. Por ejemplo: *Los uruguayos y brasileños son los antípodas de los coreanos*.

"Antípoda" conservó su forma en otros idiomas, como *antipode* (inglés), *antipodal* (francés), *antipoden* (alemán), *antipoda* (portugués), *antipod* (sueco), etc.

Se usa también para indicar que dos personas o grupos (por lo general, ideológicos) se contraponen totalmente.

* *Ejercicio. Busca en el mapa los **antípodas** del cuadro siguiente y márcalos con una circunferencia (O)*

Corea	Brasil Uruguay	México	Mar de India	China	Argentina	Filipinas	Brasil

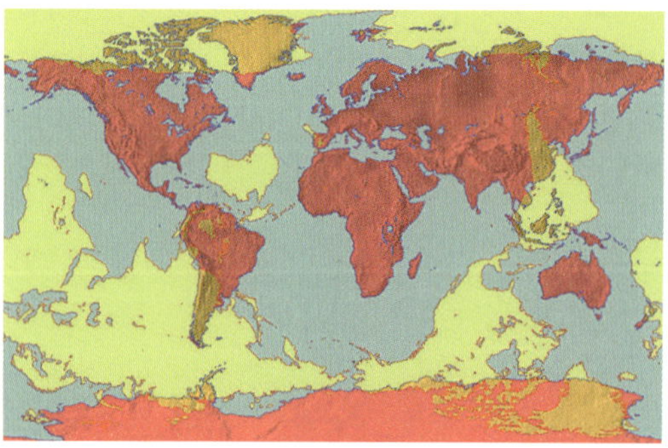

3) La frase de hoy

FRASE HECHA	SIGNIFICADO
5. No entender o no saber ni jota.	No saber ni lo más simple, ni lo más sencillo de algo. Ser ignorante en alguna área del conocimiento. 낫 놓고 기역자도 모른다.

LECTURA

- En español es frecuente usar expresiones como: "no entender ni jota" y "no saber ni jota" (ni J).
- Esta expresión ha sobrevivido con su significado original desde siglos atrás.
- La explicación del origen de la expresión la encontramos en el libro *Folklore andaluz* editado en Sevilla entre 1882 y 1883, donde el hebraísta Antonio María García Blanco dice:

"Era y es la **iod** hebrea, caldea y siríaca la letra más pequeña de las veintidós que usaban aquellos idiomas. En hebreo, era además el principio o primer trazo de toda letra. La jota española o castellana es la **iota** griega en cuanto al nombre, y ésta es la **iod** hebrea. Entonces, decir 'no sabe ni jota' equivalía a decir: no conoce ni sabe la más pequeña letra, no sabe hacer ni la primera línea de ninguna letra, es un ignorante completo".

* *Ejercicio. Pregunta a tus compañeros*

¿Hay algo de lo que no sepas ni jota?

[1] No sé ni jota de cómo se maneja un avión.

[2] No entiendo ni jota de ruso.

[3] En la clase de Física Nuclear no entiendo ni jota.

a) ____________ no sabe / no entiende ni jota de ____________________.

b) ____________ no sabe / no entiende ni jota de ____________________.

c) ____________ no sabe / no entiende ni jota de ____________________.

4) Las grandes ciudades. Preparar por equipo la presentación de una de estas ciudades, número de habitantes, características y desventajas principales

* Se puede tomar como guía el vocabulario de abajo

área metropolitana

Se dice del área total que ocupa una gran ciudad que se ha unido a otras más pequeñas de alrededor, eliminando los límites visibles entre ellas.

* *El área metropolitana de Seúl comprende Bucheon-Incheon-Pocheon-Seognam-Suwon.*

¿Qué se puede encontrar ahí?

esmog centros comerciales parques de diversiones tráfico
avenidas edificios departamentos / apartamentos ruido estrés
sobrepoblación - 인구과잉 mansiones - 호화대저택 rascacielos - 마천루

Ciudades más grandes del mundo

Tokio	Shanghái	Delhi	Nueva York
Guangzhou	Seúl	Pekín	Sao Paulo
Yakarta	Cd. de México	Manila	Los Ángeles

* *Ejercicio. Pregunta a tus compañeros después de las presentaciones por equipo*

1. ¿Qué podrían tener en común esas ciudades?

ASPECTOS POSITIVOS

1. __________
2. __________
3. __________
4. __________
5. __________

ASPECTOS NEGATIVOS

1. __________
2. __________
3. __________
4. __________
5. __________

2. ¿Qué prefieres, el campo o la ciudad?

[1] Creo que la ciudad es mejor para mis intereses, porque...
[2] Yo prefiero el campo porque...

1. ____________ prefiere ____________ porque ______________________.
2. ____________ prefiere ____________ porque ______________________.
3. ____________ prefiere ____________ porque ______________________.

hay más centros comerciales | hay más opciones de diversión | hay más comercio
mejor educación | más centros médicos | vida más tranquila | aire puro

3. ¿Dónde te gustaría vivir cuando tengas una familia propia, en el campo o en la ciudad?

- A mí me gustaría más vivir en ____________, porque ____________
____.

1. A ________ le gustaría más vivir en ____ ________ porque ____________.
2. A ________ le gustaría más vivir en ____ ________ porque ____________.
3. A ________ le gustaría más vivir en ____ ________ porque ____________.

4. ¿Qué ventajas tiene el campo?
¿Qué ventajas tiene la ciudad?

Ventajas del campo

1. ______________________
2. ______________________
3. ______________________
4. ______________________

Ventajas de la ciudad

1. ______________________
2. ______________________
3. ______________________
4. ______________________

vida nocturna	instalaciones modernas	grandes librerías	centros de arte
vida pacífica	ambiente natural	alimentos frescos	vida saludable

Lección
06
Las delicias del campo

TEMA 6 Tecnicismos del área agropecuaria

1) Saludo a mis compañeros al llegar a la clase

¿Hola, qué tal? / ¿Qué cuentas de nuevo?
¿Cómo te va? / ¿Cómo estás?

- Hoy [no] me siento bien, estoy..., tengo...
- Nada nuevo, estoy bien, gracias. / Hoy tengo que entregar dos reportes

2) La palabra del día

¿Cómo se le llama a lo que tiene relación con la agricultura y la ganadería?

ADJETIVO

____
relacionado con la agricultura y la ganadería
agrícola (agro) → ← pecuario
referente a la agricultura / referente a la ganadería

* *Completa adecuadamente junto con tu compañero, usando el nuevo adjetivo de hoy*

1. La industria ______________
2. El sector ______________
3. El noticiario ______________
4. El Ministerio de Desarrollo ______________

3) La frase de hoy

FRASE HECHA	SIGNIFICADO
6. Genio y figura hasta la sepultura.	No es fácil cambiar el carácter ni las costumbres de las personas. 성격이나 습관은 쉽게 바뀌지 않는다. 세살 버릇 여든까지 간다.

genio = carácter, manera de ser || *hasta la sepultura* = hasta que muera

La palabra genio tiene también estos otros significados:

1. Estado ocasional de ánimo por el cual se cambia de alegre a enojado o aburrido. *Estar de genio.*
2. Mal carácter, temperamento difícil. *Tener mal genio.*
3. Capacidad mental extraordinaria. *Ser un genio.*

DIÁLOGO

* *Lectura dramatizada entre dos compañeros, frente al grupo*

A: ¿Por qué estás tan triste? No pareces recién casada.

B: Me ha ido muy mal con mi esposo. Bebe todos los fines de semana, nunca salimos juntos y regresa muy tarde por la noche porque se va con sus amigos.

A: ¡Alex siempre ha sido igual! ¿Por qué te extraña que ahora haga lo mismo? Como dice el refrán: genio y figura hasta la sepultura.

B: No puedo entender qué pasa...

A: Cuando éramos compañeros en la universidad bebía todos los fines de semana con sus amigos y le gustaba regresar tarde a su casa todas las noches.

B: Pero Alex me prometió cuando éramos novios que iba a cambiar, que dejaría a sus amigos y que estaríamos juntos todo el tiempo después de casarnos.

A: Recuerda, genio y figura hasta la sepultura. Creo que es mejor que hables con él para poder solucionar un poco la situación. Pero no esperes que cambie sus costumbres en un día.

* *Ejercicio. Pregunta a tu compañeros*

¿Cómo se puede aplicar este refrán?

- Mi compañero/a dijo que este refrán se podía usar, por ejemplo, *cuando*

____.

4) El campo. Dinámica de grupo

INSTRUCCIONES

a) Por equipos, se dan 5 minutos para que busquen más palabras que se relacionen con cada área agropecuaria. Pueden usar sus diccionarios para llenar estos cuadros, siguiendo los ejemplos.

AGRICULTURA

CULTIVOS
cultivar, tractor, bueyes, tierra, campesino,

GANADERÍA

BOVINOS (perteneciente al toro y a la vaca)
toro, vaca, becerro, cuernos,

PORCINOS (perteneciente al cerdo)
cerdo, puerco, tocino, jamón,

OVINOS (perteneciente a la oveja)
oveja, borrego, lana,

LECHERÍA

PRODUCTOS LÁCTEOS (relativo a la leche)
yogur,

OTROS

AVICULTURA (criar aves y aprovechar sus productos)
gallo,

APICULTURA (criar abejas y aprovechar sus productos)
panal,

FRUTICULTURA (cultivo de frutas)
manzana,

FORESTACIÓN (perteneciente a los bosques)
pino,

HORTICULTURA (cultivo de verduras y legumbres)
zanahoria, huerta, huerto,

¿huerto o huerta?

∗ *Respuestas, en el anexo p. 204*

1. ____________: Terreno de corta extensión donde se plantan verduras y algunos árboles frutales.
2. ____________: Terreno de mayor extensión que 3.________ ________________, para el cultivo de legumbres y árboles frutales.

∗ *En la isla Jeju hay* 4. ____________ de mandarinas.

b) Todos de pie, durante 5 o 7 minutos, preguntan a sus compañeros para conseguir más palabras en sus cuadros, intercambiando información

¿Qué palabras tienes sobre "bovinos"?
¿Qué palabras tienes... sobre "porcinos"?

c) Después, comparten sus palabras con su equipo
d) El profesor entrega el material para jugar a "La campana dorada" (*Golden Bell*)
   1º. Se entregan hojas blancas y un marcador a cada equipo, para que escriba las respuestas.
   2º. En cada pregunta, deberá escribir un compañero diferente, cambiando de turno. Todos ayudan, pero solamente el que escribe levanta la hoja con la respuesta.
   3º. El profesor escogerá un aspecto agropecuario para preguntar, por

ejemplo: *"¿Cómo se le llama al cuidado y cría de aves?"*, *"Una palabra relacionada con los bovinos"*, etc.

4°. El equipo deberá escribir el nombre y levantarlo rápidamente. El equipo que levante primero la respuesta, bien escrita, obtendrá 2 puntos, y los equipos que levanten después pero que también estén correctos, 1 punto. El equipo que tenga más puntos, ¡ganará!

* Preguntas para el juego de "La campana dorada" (Golden Bell), en el anexo p. 204

5) ¿Cuáles frutas y verduras conoces?

*** Marca en la columna y pregunta a tus compañeros las que no conozcas**

VERDURAS	Sí (O) No (X) conozco	FRUTAS	Sí (O) No (X) conozco
la zanahoria		las fresas	
la calabacita		el melón	
la papa / patata		la sandía	
el nabo		el plátano	
la cebolla		la manzana	
la lechuga		la piña	
la col / el repollo		la toronja	
el aguacate		la cereza	
el tomate /jitomate		la naranja	

* *Escribe el nombre en las siguientes verduras y frutas, después de localizar todas los nombres del cuadro anterior*

* *Respuestas, en el anexo p. 205*

VERDURAS

1. ______________________

2. ______________________

3. ______________________

4. ____________ 5. ____________ 6. ________________ 7. ____________

* *Pregunta y decide con tu equipo*

¿Qué diferencia hay entre legumbre, verdura y hortaliza?

Básicamente, ______________________________________.

FRUTAS

1. ______________ 2. ____________________ 3. __________________

4. __________________ 5. ____________ 6. __________________

6) Ejercicio. Pregunta a tus compañeros

1. ¿Cuál es tu verdura y tu fruta preferidas?

[1] Mi verdura preferida es la zanahoria y mi fruta preferida es el melón
- Mi verdura preferida es la/el ________ y mi fruta preferida es la/el ________.

1. ____________ prefiere la /el ____________ y la /el ________________.
2. ____________ prefiere la /el ____________ y la /el ________________.
3. ____________ prefiere la /el ____________ y la /el ________________.

2. ¿Qué beneficios obtenemos del campo?

1. En el campo podemos ________________________________.
2. Del campo obtenemos ________________________________.
3. En el campo ____.

3. ¿Con qué frecuencia (얼마나 자주, 빈도) **vas al campo?**

1. Mi compañero/a ____________ ________________________.
2. Mi compañero/a ____________ ________________________.
3. Mi compañero/a ____________ ________________________.

Vocabulario

dos veces a la semana	cada año	nunca
una vez al mes	cada verano	casi nunca
una vez al año	cada vez que (yo) puedo	siempre que (él/ella) puede

Lección

07

La naturaleza, flora y fauna

TEMA 7 Tema cultural: la riqueza natural de Islas Galápagos

1) Saludo a mis compañeros al llegar a la clase

¿Hola, qué tal? / ¿Qué cuentas de nuevo?
¿Cómo te va? / ¿Cómo estás?

- Nada nuevo, estoy bien, gracias. / Hoy tengo muchos trabajos que entregar

2) La palabra del día

* Respuestas, en el anexo p. 205

¿Cómo se les llama a los dedos que tienen una membrana entre ellos?

1. ____________: dedos ligados entre sí por una membrana.

¿Qué animales tienen dedos palmeados?

2. ____________________

3. ____________________

4. ____________________

3) La frase de hoy

FRASE HECHA	SIGNIFICADO
7. Está hasta en la sopa.	Se dice de una persona o de un asunto del que se habla en todas partes y a toda hora. 시도 때도 없이 모두가 다 이야기하는 일들.

DIÁLOGO

* *Lectura dramatizada entre dos compañeros, frente al grupo*

A: ¿Has oído de la famosa actriz coreana que triunfó en Hollywood?

B: Claro que sí. Hablan de ella en todos los noticiarios.

A: Hoy la entrevistaron tres veces en la televisión.

B: Y hasta proyectan sus viejas películas.

A: Es cierto. Aparece en todas partes. ¡Está hasta en la sopa!

B: Sí, no se habla de otra cosa y todo el mundo habla de ella.

A: Y nuestro presidente, con sus nuevas políticas, también ¡está hasta en la sopa!

B: ¿Y qué me dices del nuevo astro de futbol español? ya lo veo ¡hasta en la sopa!

∗ *Ejercicio. Pregunta a tus compañeros*

¿En estos días, qué o quién está hasta en la sopa?

- En estos días, ____________ está hasta en la sopa.

a) ____________ dijo que ________________ ahora estaba/n hasta en la sopa.

b) ____________ dijo que ________________ ahora estaba/n hasta en la sopa.

c) ____________ dijo que ________________ ahora estaba/n hasta en la sopa.

4) La fauna

> **fauna**. (del latín *Fauna*, diosa de la fecundidad).
> f. Conjunto de los animales de un país o región.

∗ *Antes o después de la LECTURA 1, los alumnos pueden presentar una exposición sobre algunos animales en peligro de extinción*

LECTURA 1

- La fauna en peligro de extinción es la que está a punto de desaparecer del planeta. Por ejemplo, el manatí que es un mamífero marino del grupo de los *sirénidos*.
- El manatí apareció hace 50 millones de años. Su nombre viene de la lengua arahuaca, originaria de las Grandes Antillas, en el Caribe.
- Al nacer miden entre 1.10 y 1.20 metros. Los adultos alcanzan los 3 metros y llegan a pesar entre 300 y 500 kg, pero algunos alcanzan los 700 kg.
- Son tranquilos y pacíficos, herbívoros (초식동물), por eso, en algunos lugares se les llama "vacas de mar".

- Su alimento son los pastos marinos, algas, lirios, hojas de mangle, etc., y consume alrededor de 30 a 40 kg de alimento por día.
- Es un animal completamente inofensivo, tímido y al más leve [*pequeño*] ruido se sumerge en la profundidad de las aguas donde vive.
- Es una especie en peligro de extinción.

- En épocas antiguas, los marineros los confundían con sirenas por sus colas largas.
- Hoy en día, llevan cicatrices causadas por los choques con embarcaciones. Su único enemigo natural es el "hombre".

* *Antes o después de las lecturas, los alumnos pueden presentar una exposición sobre la riqueza de la FAUNA de las Islas Galápagos*

LECTURA 2

- La República del Ecuador comprende una famosa región insular (도서지역): las Islas Galápagos.
- El archipiélago de las Islas Galápagos es una herencia única del mundo. El 97 por ciento de la superficie total de las islas forma parte del Parque Nacional Galápagos.
- Ahí se puede visitar la estación de investigación de Carlos Darwin que utilizó en 1835.

- Las Galápagos son la casa de una fauna única en el mundo. Reciben su nombre de un tipo de tortuga que llega a pesar 400 kg.

- Por su distancia con el continente y por el hecho de que nunca estuvo unido a este, la flora y fauna existentes evolucionaron extraordinariamente hasta lo que son ahora y permanecieron inalteradas [sin cambio] hasta que el hombre llegó a ellas por primera vez.

- Las especies de plantas y animales propias de las islas no tuvieron predadores (포식자) durante miles de años de evolución, razón por la cual los animales no demuestran temor alguno ante la presencia humana y de otros animales.

- Esto hace de las Galápagos un lugar muy especial, fascinante y de gran interés para la ciencia y el turismo.
- Los visitantes pueden tener una experiencia de contacto con la naturaleza que no olvidarán en toda su vida, por ejemplo, con la tortuga gigantesca, la iguana marítima que vive sobre las algas, las iguanas de tierra, lagartos de lava y las salamanquesas.

LECTURA 3

- La salamanquesa mide entre 12 y 16 cm y vive entre 6 y 10 años en paredes, rocas, troncos de árboles; tiene vida nocturna.
- Pone 2 huevos que duran 4 meses de incubación. Es carnívora, come insectos, sobre todo polillas, moscas, arañas, mosquitos, escarabajos, grillos, saltamontes.
- Sus predadores (enemigos y cazadores) son los búhos o lechuzas (부엉이), las serpientes y los gatos.

* *Ejercicio. Responde junto con tus compañeros*

* *Respuestas, en el anexo p. 205*

1. El manatí vive en el mar, ¿es un pez?

____.

2. ¿Con quiénes <u>confundían</u> [혼동하다] los marineros a los manatíes?

____.

3. ¿Cuál de los dos animales es <u>carnívoro</u> [육식을 하는], la pequeña salamanquesa o el enorme manatí?

____.

4. ¿Qué investigador famoso tenía su laboratorio en las islas Galápagos?

____.

5. ¿Por qué los animales de las Galápagos no tienen miedo a los humanos?

____.

6. ¿Cuál de los anteriores animales sería mejor como <u>mascota</u> [마스코트], por qué?

____.

5) Flora

flora. (del latín *Flora*, diosa de las flores).
f. Conjunto de plantas de un país o de una región.

* *Antes o después de las lecturas, los alumnos pueden presentar una pequeña exposición sobre la riqueza de la FLORA de las Islas Galápagos*

LECTURA 4

- La FLORA de las islas Galápagos es fascinadora. Tiene aproximadamente 560 especies de plantas, de las cuales alrededor de una tercera parte son endémicas de las islas, es decir, únicas en el mundo.

- Todas estas especies, lo mismo que la fauna, han realizado el proceso de adaptación al ambiente como lo demostró Darwin.
- En las islas Galápagos existen algunas variedades de cactos como el miniatura que crece en la lava.

- Alrededor de las costas está la gran pera espinosa gigante, y los cactos de candelabros [여러 개의 가지 장식이 달린 촛대] que reciben su nombre por su parecido con este objeto.

- En las montañas viven muchas especies de margaritas, así como helechos, bromeliáceas, orquídeas de árbol y flor de la pasión.

6) ¡Vamos a conversar!

* Todos, de pie, preguntan a varios compañeros

1. ¿Te gustan los animales? ¿Cuál es tu animal favorito?

[1] Sí, mis favoritos son los perros / los gatos / los pájaros...

[2] No, no me gustan los animales.

a) A __________ sí le gustan los animales, sus favoritos son ____ __________.

b) A __________ sí le gustan los animales, sus favoritos son ____ __________.

c) A __________ sí le gustan los animales, sus favoritos son ____ __________.

2. ¿No te gustan los animales? ¿Por qué?

- No, porque mi casa es pequeña / No, porque son muy sucios / No, porque necesitan muchas atenciones / No, porque soy alérgico/a a los animales

a) A __________ no le gustan los animales, porque ____________________.

b) A __________ no le gustan los animales, porque ________________________.

c) A __________ no le gustan los animales, porque ________________________.

3. Si pudieras tener una mascota, ¿cuál escogerías?

- Escogería un perrito / Me gustaría tener un gato / Ninguno, no me gustan los animales

a) A __________ le gustaría tener ________________________________.

b) A __________ le gustaría tener ________________________________.

c) A __________ le gustaría tener ________________________________.

4. ¿Te gustan las flores?

¿Cuál flor prefieres entre la rosa, el clavel (카네이션) o la orquídea (난초)?

- Me gustan todas. / Prefiero las rosas / Prefiero las orquídeas / Prefiero los claveles

a) A __________ le gustan ____.

b) A __________ le gustan ____.

c) A __________ le gustan ____.

5. ¿No te gustan las flores? ¿Por qué?

- No me gustan, porque soy alérgico/a a las flores / Porque son muy caras.

a) A __________ no le gustan, porque ____________________________.

b) A __________ no le gustan, porque ____________________________.

c) A __________ no le gustan, porque ____________________________.

7) Ejercicio. Responde junto con tus compañeros de equipo y compara con los demás

¿Cuál es la flora y la fauna de Corea?

FAUNA	FLORA
1. ______	1. ______
2. ______	2. ______
3. ______	3. ______

Mugunghwa o rosa de sharon, la flor nacional de Corea

Lección

08

Frutas y verduras para la salud

TEMA 8 La salud y las enfermedades. La flora medicinal

1) Saludo a mis compañeros al llegar a la clase

¿Hola, qué tal? / ¿Qué cuentas de nuevo?
¿Cómo te va? / ¿Cómo estás?

- Nada nuevo, estoy bien, gracias. / Hoy tengo muchos trabajos que entregar

2) La palabra del día

¿Cómo se le llama al arte de preparar una buena comida y al gusto de disfrutarla?

1. ____________: Arte de preparar una buena comida. Afición a comer espléndidamente.

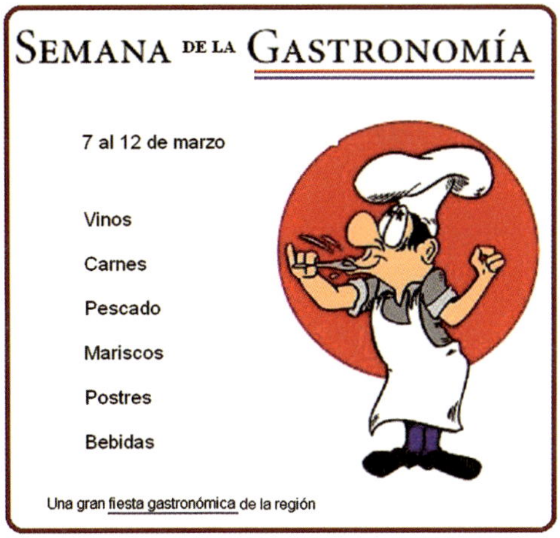

* *Ejercicio. Junto con tus compañeros, relaciona las palabras del vocabulario con las 4 definiciones siguientes.*

* *Respuestas, en el anexo p. 206*

¿Conoces algunas palabras con 'gastr...'?

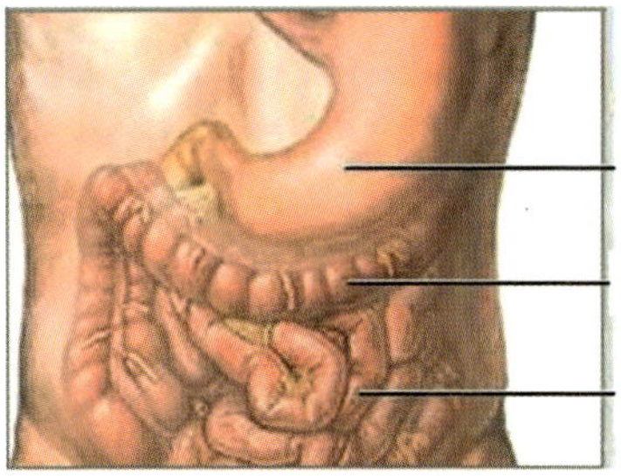

2. (   ) ____________: Inflamación del estómago.
3. (   ) ____________: Inflamación del estómago y de los intestinos.
4. (   ) ____________: Médico que cura el estómago y los intestinos.
5. (   ) ____________: Área de la medicina que se ocupa del estómago y de los intestinos, y sus enfermedades.

Vocabulario

a) gastroenteritis
b) gastroenterología
c) gastroenterólogo
d) gastritis

3) La frase de hoy

FRASE HECHA	SIGNIFICADO
8. Al que madruga, Dios lo ayuda. * madrugar: 일찍 일어나다, 새벽에 일어나다.	Muchas veces, el éxito depende de la rapidez y de hacer las cosas a tiempo. 일이란 적시에 맞춰서 기회를 잃지 않고 해야 한다.

DIÁLOGO

* *Lectura dramatizada entre dos compañeros, frente al grupo*

A: Estoy muy triste... Saqué "C" en la calificación. Yo estudié pero el examen fue muy, muy difícil, en verdad.

B: Pues a mí no me pareció tan difícil.

A: ¿Cuánto sacaste en el examen?

B: Me gané una "A".

A: Estudié dos horas completas para el examen, y me desvelé (밤을 새다) para estudiar...

B: ¿Solamente estudiaste dos horas para el examen y dices que te desvelaste?

A: Bueno, es que tuve una fiesta con mis amigos, y al regresar a mi casa a las 3 de la madrugada (새벽), estudié de 3 a 5 y después dormí un rato.

B: Mira, al que madruga, Dios lo ayuda. Si quieres buenas notas en los exámenes, debes empezar a estudiar ahora mismo.

A: Creo que tienes razón. Comenzaré a estudiar ahora mismo para el siguiente.

B: Así será mejor. Un poco cada día, empezando a tiempo lo que debes hacer.

* *Ejercicio. Pregunta a tu compañero/a*

¿Cómo se puede aplicar este refrán?

- Mi compañero/a __________ dijo que este refrán se podía usar, por ejemplo, cuando ______________________________.

4) Frutas y verduras

* Leer todos juntos, en voz alta

La salud y las enfermedades. La flora medicinal

- ¿Cómo te sientes? ¿Cómo has estado? Son las preguntas más frecuentes para saludar, pero también para saber el estado de salud de las personas.
- La salud nos permite y nos ayuda a tener también una mente sana y un espíritu alegre y optimista.
- Las enfermedades atacan haciendo daño a los individuos como consecuencia, muchas veces, de los cambios y alteraciones que el medio ambiente está sufriendo por falta de cuidados ecológicos.

- La naturaleza es sabia y muchas frutas y verduras son también medicinales.
- Hoy en día aumenta el número de personas que prefieren tomar medicina naturista, ya que no irrita el estómago.
- Especialmente, en los países orientales, como Corea, la medicina tradicional basada en productos naturales tiene cada vez mayor prestigio en todo el mundo.

* *Ejercicio. Pregunta a tus compañeros*

1. ¿Conoces algunas plantas o frutas medicinales?

- Sí, el ajo sirve para el corazón

1. ________ sirve para ________	2. ________ sirve para ________
3. ________ sirve para ________	4. ________ sirve para ________
5. ________ sirve para ________	6. ________ sirve para ________

El cuerpo humano

arterias - 동맥
bronquios - 기관지
cerebro - 뇌
corazón - 심장
estómago - 위
garganta - 목
hígado - 간
huesos - 뼈
intestino - 소장
músculos - 근육
nervios - 신경
páncreas - 이자
pulmón - 폐
riñón - 신장
sangre - 피

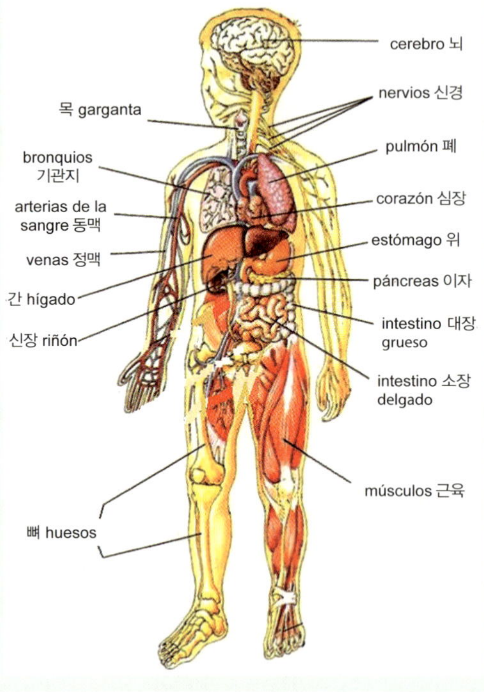

5) Sobre tu salud y las medicinas naturales

* *Pregunta a tus compañeros*

1. ¿Qué tomas normalmente cuando tienes alguna enfermedad?

______________________________.

2. ¿Tomas algo en especial por las mañanas para conservar tu salud?

______________________________.

3. ¿Buscas algún tipo de comida nutritiva o prefieres comer por placer?

______________________________.

4. ¿Tomas café durante el día? ¿Lo tomas con o sin azúcar?

______________________________.

5. ¿Comes entre comidas (식사 사이)? ¿Qué comes?

______________________________.

6. ¿Comes mientras ves (la) televisión? ¿Qué comes?

______________________________.

7. ¿Prefieres la medicina natural o la medicina alópata (de farmacia)?

______________________________.

6) Ejercicio. Buscar una foto de cada especie y presentarla a los compañeros. Hacer una lista con algunos nombres en cada sección

¿Cuál es tu animal? ...tu planta? ...tu fruta? ...tu verdura?

ANIMAL	PLANTA o FLOR	FRUTA	VERDURA
 halcón	 helecho	 papaya	  (ji)tomate | tomatillo
tigre	clavel	sandía	nabo

7) Vamos a jugar ¡BASTA!

INSTRUCCIONES

a) Se divide el grupo en equipos de 3 o 4 compañeros.

b) Se entregan hojas blancas y un marcador a cada equipo, para que escriban las respuestas.

c) En cada pregunta, deberá escribir un compañero diferente, cambiando de turno. Todos ayudan, pero solamente el que escribe levanta la hoja con la respuesta.

d) El profesor dará una letra del alfabeto y, en equipo, escribirán en cada columna el nombre de una especie que inicie con la letra indicada: "3 nombres con C".

e) El equipo deberá escribir 3 nombres correctos y levantarlos rápidamente. El equipo que levante primero ganará 2 puntos y los equipos que levanten después y que también estén correctos, ganarán 1 punto. El equipo que tenga más puntos, ¡ganará!

ANIMAL	FLOR o PLANTA	FRUTA o VERDURA
C caballo	C cebolla	C cereza

Lección 09

Guía para ver películas

TEMA 9 Audición: guía básica para ver películas en español

1) Saludo a mis compañeros al llegar a la clase

¿Hola, qué tal? / ¿Qué cuentas de nuevo?
¿Cómo te va? / ¿Cómo estás?

- Nada nuevo, estoy bien, gracias. / Hoy no tengo tanto trabajo

2) La palabra del día

En una obra teatral, literaria o cinematográfica, ¿cómo se le llama al personaje principal de la acción?

Se le llama ____________ al personaje principal de la acción, el primero en importancia y que lleva el papel estelar. Esta palabra viene directamente del griego (πρωταγωνιστής).

TÉRMINO	SIGNIFICADO
1. proto--	Del griego πρωτο- (proto), primero. Elemento composicional que indica prioridad, preeminencia o superioridad. Ejemplo: **protagonista** *prototipo*, *protomártir*,
2. persona	Viene del latín persōna que significaba máscara de actor o personaje teatral. Modernamente, se refiere a un individuo de la especie humana.

3. personaje	Cada uno de los seres que hay en una obra literaria, teatral o de cine.
4. película	Piel delgada y delicada. Cinta de celuloide. Por extensión, se le llama igual a las obras cinematográficas.
5. filme	Viene del inglés *film*, significa película cinematográfica.
6. villano	Ruin, indigno o indecoroso. El 'malo' de la película.

* *Ejercicio. Pregunta a tus compañeros*

1. ¿Qué tipo de películas prefieres ver?

- Prefiero las películas de acción y las de terror.

1. ____________ prefiere ______________________________________.
2. ____________ prefiere ______________________________________.
3. ____________ prefiere ______________________________________.

Tipos de películas

de acción	de terror	las comedias	los dramas	románticas
de ciencia ficción	de moda	infantiles	musicales	animadas

2. ¿Prefieres las películas subtituladas o las versiones dobladas?

- Prefiero las películas dobladas al coreano.

1. ____________ prefiere ______________________________________.
2. ____________ prefiere ______________________________________.
3. ____________ prefiere ______________________________________.

versión original con subtítulos en coreano || versión doblada al coreano

3) Ejercicio.

Práctica. Nombre: ______________ **Calificación** (점수): ______________

¿Cuál es el nombre de la película?

1. ____

¿Cómo se llama/n el/los protagonista/s?

2. ____

¿Cómo se llaman otros dos personajes principales?

3. ______________________ y ______________________

¿Quién es el villano de la película?

4. ____

¿Cómo es el personaje que te gustó más? (네 맘에 더 드는 인물은 어떠했니?)

5. ____

¿Dónde sucede la película? (그 영화 내용은 어디에서 일어나는 내용이니?)

6. ____

¿Qué mensaje tiene la película, qué enseñanza nos da?

7. ____

4) Recomendaciones

- Es importante ser puntuales, porque hay preguntas desde que empieza la película.
- No se permite preguntar a otros compañeros las respuestas de las preguntas que no escuchaste por llegar tarde. (늦게 도착해서 듣지 못한 질문에 대한 답변을 다른 사람에게 물어보는 것을 금지합니다.)
- Puedes hacer la práctica junto con otro compañero.
- Puedes cambiar de lugar para ver bien la pantalla.
- La película tiene una forma de hablar sencilla.
- ¡Disfruta de la película!

Lección 10

El género de las profesiones

TEMA 10 Género de actividades laborales y profesionales

1) Saludo a mis compañeros al llegar a la clase

¿Hola, qué tal? / ¿Qué cuentas de nuevo?
¿Cómo te va? / ¿Cómo estás?

- Nada nuevo, estoy bien, gracias. / Hoy tengo muchos trabajos que entregar

2) La palabra del día

¿Cómo se le llama a un manuscrito antiguo que conserva huellas de una escritura anterior borrada artificialmente?

____________: Manuscrito antiguo que conserva huellas de una escritura anterior borrada artificialmente.

(manus = mano + escrito) con huellas de { otro texto anterior }
⇩
PALIMPSESTO

LECTURA

El **palimpsesto** de Arquímides

- Un Centro de Investigación de Stanford trabaja para recuperar uno de los textos originales de Arquímedes escrito en el siglo III a.C., perdido durante la Edad Media.
- Monjes cristianos reutilizaron el manuscrito para escribir un libro de oraciones.
- Los textos fueron borrados en el medioevo por un monje que reutilizó el pergamino para escribir un libro de oraciones, creando así "el palimpsesto de Arquímedes".
- Un palimpsesto es un manuscrito antiguo que conserva las huellas de una escritura anterior borrada.
- En el siglo XII, los pergaminos -que se hacían con la piel de animales- eran escasos y costosos, y en ese momento, los trabajos de Arquímedes no tenían tanta importancia como los textos religiosos.

3) La frase de hoy

FRASE HECHA	SIGNIFICADO
9. Un clavo saca otro clavo. * Este refrán aparece citado en *La Celestina*	A veces un mal o un cuidado hace olvidar o no sentir otro que antes molestaba. También se dice que el remedio de un amor frustrado suele ser la llegada de un nuevo amor. 실연이나 힘든 일은 새로운 사랑이나 또 다른 일로 인하여 잊혀지거나 해결되기도 한다.

DIÁLOGO

* *Lectura dramatizada entre dos compañeros, frente al grupo*

A: ¿Qué te pasa? Creo que no has dormido y me parece que no te sientes bien.

B: Mi novia me terminó ayer y me pasé la noche solo y bebiendo...

A: No te había querido decir, pero vi a tu novia varias veces con otro muchacho. Ella no te quería de verdad.

B: Pero yo la amo de verdad y ¡¡nunca podré olvidarla!!

A: No digas eso. ¿Recuerdas a la chica que conocimos el otro día?

B: Sí, la recuerdo. Esa chica siempre va a la biblioteca después de comer.

A: Pues va a ir a la fiesta del sábado. Ya sabes, un clavo saca otro clavo y ella sí es una buena chica, además de que es muy bonita.

B: Sí, pero... Yo no puedo olvidar a mi antigua novia. No creo que pueda...

A: No te digo que sea tu novia, pero el tiempo y los buenos amigos te ayudarán a olvidar.

* *Ejercicio. Pregunta a tu compañeros*

¿Cómo te parece este refrán, estás de acuerdo o no?

1. Mi compañero/a ____________ dijo que SÍ / NO estaba de acuerdo con este refrán, porque ____.

2. Mi compañero/a ____________ dijo que SÍ / NO estaba de acuerdo con este refrán, porque ____.

Vocabulario

es muy cruel	no (me / le) parece muy justo	no es la solución
es la verdad	es la mejor solución	así sucede en muchos casos

4) Ejercicio. Las actividades de trabajo y las profesiones. Completar en equipo

INSTRUCCIONES

- El profesor va indicando cuál de las cinco partes esta lista se debe responder (*de la 11 a la 20, etc.*), hasta completar el ejercicio
- El equipo que termine primero en cada fase, *¡ganará!*

* *Respuestas, en el anexo p. 206*

¿Quién es el que...?¿Quién es la que...?

1. Repara cables eléctricos en la calle o en la casa, el electricista / la electricista.

2. Maneja un avión o un helicóptero, el ____________ / la ____________.

3. Ayuda en la oficina al jefe, el ____________ / la ____________.

4. Trabaja en una fábrica o industria, el ____________ / la ____________.

5. Conduce un autobús o un taxi, el ____________ / la ____________.

6. Cura a los enfermos y los revisa en su consultorio, el ____________ / la ____________.

7. Cuida y atiende a los enfermos en el hospital, el ____________ / la ____________.

8. Vende seguros de vida o seguros de coche, el ____________ / la ____________.

9. Cuida y guarda el orden en las calles y la ciudad, el ____________ / la ____________.

10. Vigila y controla el manejo de una empresa, el (지배인) ____________ / la ____________.

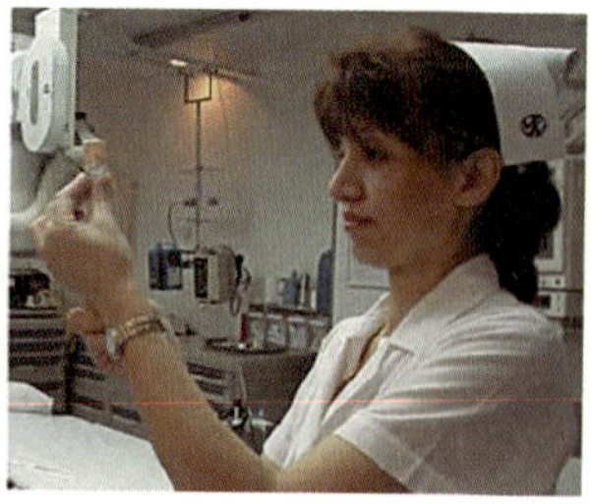

11. Apaga los incendios, el ____________ / la ____________.

12. Lleva las cartas a las casas, el ____________ / la ____________.

13. Enseña en la escuela o la universidad, el ____________ / la ____________.

14. Pinta cuadros artísticos, el ____________ / la ____________.

15. Prepara la comida en un restaurante, el ____________ / la ____________.

16. Corta el pelo en una estética o peluquería, el ____________ / la ____________.

17. Canta en un club y graba discos, el ____________ / la ____________.

18. Cobra y recibe el dinero en el banco y la tienda, el ____________ / la ____________.

19. Atiende a los clientes en un almacén, el ____________ / la ____________.

20. Hace obras de arte, el ____________ / la ____________.

21. Baila profesionalmente, el __________ / la __________.

22. Estudia la Economía y sus problemas, el (경제학자) __________ / la __________.

23. Trabaja en cualquier oficina del gobierno, el __________ / la __________.

24. Trabaja en otro país en una embajada, el (외교관) __________ / la __________.

25. Juzga y decide casos criminales en un tribunal, el (판사) __________ / la __________.

26. Sirve y atiende a los clientes en un restaurante, el __________ / la __________.

27. Repara automóviles y motocicletas en un taller, el __________ / la __________.

28. Cuida los jardines y las plantas, el __________ / la __________.

29. Cura y arregla la dentadura, el __________ / la __________.

30. Cura el estómago y los intestinos, el __________ / la __________.

31. Cura y atiende a los niños, el __________ / la __________.

32. Cura y atiende a los ancianos, el __________ / la __________.

33. Cura y atiende el corazón, el __________ / la __________.

34. Cura y atiende las enfermedades de las mujeres, el __________ / la __________.

35. Especialista en cirugías (외과) de todo tipo, el __________ / la __________.

36. Cura y atiende la piel, el __________ / la __________.

37. Cura las enfermedades de los oídos, la nariz y la garganta, el ________ / la ________.

38. Enseña artes marciales, el ________ / la ________.

39. Se dedica al comercio, compra y venta de algo, el ________ / la ________.

40. Fabrica y arregla zapatos, el ________ / la ________.

41. Cultiva la tierra, el ________ / la ________.

42. Se dedica a la pesca, el ________ / la ________.

43. Artista que toca el piano, el ________ / la ________.

44. Dirige una orquesta sinfónica, el ________ / la ________.

45. Trabaja en las minas, el ________ / la ________.

46. Escala las montañas, el ________ / la ________.

47. Acusa a los sospechosos en un tribunal, el (검사) ________ / la ________.

48. Estudia la carrera de Derecho, el ________ / la ________.

49. Corta, arregla, tiñe y ondula el pelo en una estética, el ________ / la ________.

50. Dirige un programa de radio o de televisión, el ________ / la ________.

5) Alguntas precisiones

* Leer todos juntos, en voz alta

Trabajan en una embajada

embajador   canciller   ministro   cónsul   consejero   secretario   agregado

Profesiones de un abogado

juez   fiscal   abogado defensor   notario público

Trabajos de un estilista

cortar el pelo   teñir el pelo   hacer permanente (rizado artificial)   enlaciar

¿camarera o mesera?

mesero, ra. (De mesa).

1. m. y f. Am. Cen., Bol., Chile, Col., Ec. y Méx. Camarero de café o restaurante.

camarero, ra. (Del lat. *camararĭus, camerarĭus*, de cámara).

1. m. y f. Persona que sirve en los hoteles, bares, cafeterías u otros establecimientos análogos, y también en los barcos de pasajeros.

CURSO CAMARERAS DE PISOS

ORGANIZA : Ministerio de Turismo y Deporte

FECHA : 12 al 15 de marzo

INSCRIPCIONES : 2 al 8 de febrero, en las oficinas correspondientes

*Se entregará constancia

*Cupo limitado

Lección
11

Las actividades de trabajo

TEMA 11 Presente de subjuntivo. Vocabulario de conceptos abstractos

1) Saludo a mis compañeros al llegar a la clase

¿Hola, qué tal? / ¿Qué cuentas de nuevo?
¿Cómo te va? / ¿Cómo estás?

- Nada nuevo, estoy bien, gracias. / Hoy tengo muchos trabajos que entregar

2) La palabra del día

¿Cómo se le llama a alguien entusiasmado ciegamente por algo?

______________________: Preocupado o entusiasmado ciegamente por algo.

* *Pregunta a tus compañeros*

¿De qué se puede ser *fanático*?

Por ejemplo, *fanático* de la música.

1. Fanático de ______________________.
2. Fanático de ______________________.
3. Fanático de ______________________.

3) La frase de hoy

FRASE HECHA	SIGNIFICADO
10. Poner el dedo en la llaga. * llaga: herida profunda que duele al tocarla	Señalar el verdadero origen de un mal o de aquello que más afecta a una persona. Hablar de algo que duele o que incomoda. 아픈 상처를 건드리다.

DIÁLOGO

* *Lectura dramatizada entre dos compañeros, frente al grupo*

A: ¿Viste las noticias de anoche?

B: No, ¿qué pasó, qué hubo de interesante?

A: ¿Recuerdas que en la clase hablamos del grave problema de los niños que viven en la calle sin familia?

B: Sí, claro, y quedamos de investigar qué están haciendo los gobiernos de esos países para encontrar una solución verdaderamente efectiva.

A: Pues en las noticias, las organizaciones no gubernamentales (las ONG) pusieron el dedo en la llaga. Presentaron un reportaje con estadísticas del número de niños que viven en la calle en Latinoamérica y Asia.

B: Debió ser un reportaje muy profundo, qué bueno que hagan conciencia en la gente.

* *Ejercicio. Pregunta a tu compañero/a*

¿Cómo se puede aplicar este refrán?

- Mi compañero/a dijo que este refrán se podía usar, por ejemplo: __________

____.

4) Sobre las profesiones y los trabajos. ¿Qué diferencia hay entre una profesión y una carrera?

profesión. Empleo, facultad u oficio que alguien ejerce y por el que percibe una *retribución*.

retribución. Recompensa o pago por un trabajo realizado

carrera. Conjunto de estudios que habilitan para el ejercicio de una profesión.

Entonces... si la persona todavía está estudiando, preguntamos:

¿Cuál es tu carrera?

- Mi carrera es Lengua y Literatura Hispánicas, Arquitectura, etc.

Pero... si ya está trabajando, preguntamos:

¿A qué te dedicas?

- Soy gerente de una compañía de importaciones.

¿Cuál es tu carrera?

- Estudié Lengua y Literatura Hispánicas

* *Ejercicio. Pregunta a tus compañeros. Puedes consultar en la lista de carreras y profesiones de la lección anterior*

1. ¿Cuál carrera piensas que sea la mejor remunerada?

remunerar: $$$$$ recompensar o pagar con dinero el trabajo realizado

[1] La mejor remunerada es la carrera de Medicina / de Leyes / de Ingeniería...

- En mi opinión, la mejor remunerada es la carrera de ______________________________.

a) Mi compañero ____________ dice que la mejor remunerada es __________.

b) Mi compañera ____________ dice que la mejor remunerada es __________.

2. **¿Cuál trabajo consideras que sea el más prestigioso / prestigiado?**

prestigio: realce, estimación, renombre, buen crédito, influencia, autoridad

- En mi opinión, el trabajo más prestigioso (prestigiado) es el de la/del ______________________

____.

a) Mi compañero ______________________ dice que el trabajo más prestigioso es ______________________.

b) Mi compañera ______________________ dice que el trabajo más prestigioso es ______________________.

3. **¿Cuál profesión piensas que sea la más sacrificada?**

sacrificado/a: que exige mucho esfuerzo sin esperar recompensa o retribución

- En mi opinión, la más sacrificada es la de la/del ______________________.

a) Mi compañero ____________ dice que la más sacrificada es ____________.

b) Mi compañera ____________ dice que la más sacrificada es ____________.

4. **¿Qué trabajo consideras que sea el más lucrativo?**

lucrativo/a: $$$$$ que produce utilidad y ganancia

- En mi opinión, el más lucrativo es el trabajo del ______________________.

a) Mi compañero ____________ dice que el más lucrativo es ____________.

b) Mi compañera ____________ dice que el más lucrativo es ____________.

5. **¿Qué trabajo piensas que sea el más necesario en la universidad?**

más necesario: para que todo esté y funcione bien

- En mi opinión, el más necesario es el trabajo del ______________________.

a) Mi compañero ____________ dice que el más necesario es ____________.

b) Mi compañera ____________ dice que el más necesario es ____________.

6. **¿Cuál trabajo consideras que sea el menos valorado?**

menos valorado: sin reconocimiento, sin que se agradezca

- En mi opinión, el menos valorado es el trabajo del ______________________.

a) Mi compañero ____________ dice que el menos valorado es ____________.

b) Mi compañera ____________ dice que el menos valorado es ____________.

7. **¿Cuál trabajo piensas que tiene mayor demanda?**

mayor demanda: el más buscado, el que todos quisieran tener

- En mi opinión, el de mayor demanda es el trabajo del ______________________.

a) Mi compañero ____________ dice que el de mayor demanda es ________.

b) Mi compañera ____________ dice que el de mayor demanda es ________.

8. ¿Cuál carrera no escogerías nunca?

[1] (Yo) Nunca estudiaría Medicina // [2] (Yo) Nunca estudiaría para doctor/a

- Nunca estudiaría ______________________________.

a) Mi compañero dice que nunca estudiaría ______________________.

b) Mi compañera dice que nunca estudiaría ______________________.

9. ¿En qué empleo no trabajarías nunca?

[1] (Yo) Nunca trabajaría como bombero/a.

- Nunca trabajaría como ______________________________.

a) Mi compañero dice que nunca trabajaría como ____________________.

b) Mi compañera dice que nunca trabajaría como ____________________.

Lección 12

Cuentos y versiones famosas

TEMA 12 Expresión oral: debate sobre análisis ideológico

1) Saludo a mis compañeros al llegar a la clase

¿Hola, qué tal? / ¿Qué cuentas de nuevo?

¿Cómo te va? / ¿Cómo estás?

- Nada nuevo, estoy bien, gracias. / Hoy tengo que entregar tres reportes.

2) La palabra del día

¿Cómo se le llama a un estímulo que no se percibe conscientemente, pero que influye en la conducta?

Mensaje ______________: Que está por debajo del umbral de la conciencia. Se dice de un estímulo que por su debilidad o brevedad no se percibe conscientemente, pero que influye en la conducta.

S U ___ L ___ ___ I ___ ___ L

- Se llama subliminal a toda aquella imagen que llega al subconsciente sin pasar antes por el consciente.
- En este caso, el mensaje llega al cerebro sin que la persona se dé cuenta plena de ello.
- Esta manera de percepción se caracteriza por la gran influencia que ejerce sobre el consciente para actuar de determinada manera, según el modelo que lo influye.

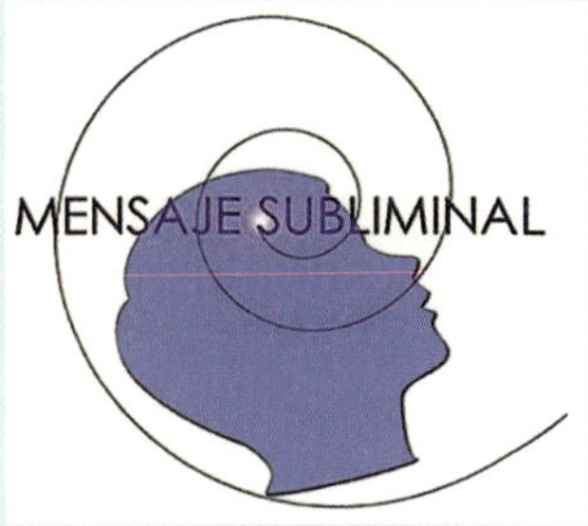

* *Pregunta a tus compañeros*

¿En dónde podemos encontrar mensajes *subliminales*?

1. En ______________________.
2. En ______________________.
3. En ______________________.

3) La frase de hoy

FRASE HECHA	SIGNIFICADO
11. Quemarse las pestañas.	**Estudiar** con empeño, con gran dedicación y eficacia. 엄청난 노력을 하다.

pestaña. Cada uno de los pelos que hay en los bordes de los párpados, para defensa de los ojos.

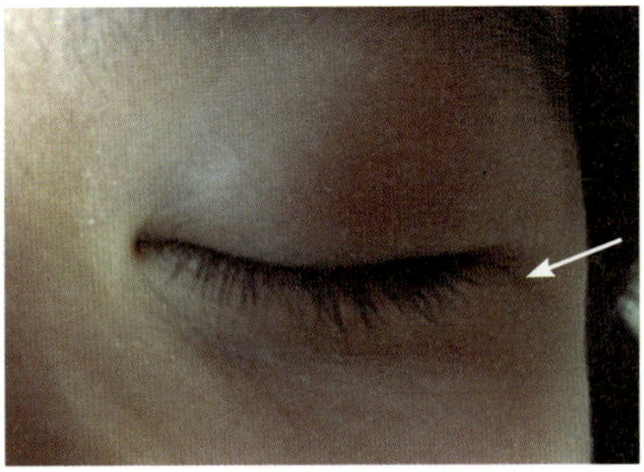

pestañas

DIÁLOGO

* *Lectura dramatizada entre dos compañeros, frente al grupo*

A: Anteanoche me quemé las pestañas terminando mi trabajo, pero valió la pena porque el maestro me dio "A" de calificación.

B: Te felicito. Hoy en día, yo no me desvelo nunca. Me quemé las pestañas durante cuatro meses para pasar el examen de admisión y, al menos en este semestre, estudiaré más tranquilamente.

A: No te confíes, podrías sacarte un buen susto si no estudias bien.

B: Sí estudio, pero no tanto como tú que te quemaste las pestañas leyendo a Carlos Fuentes y a Julio Cortázar para ese trabajo.

* *Ejercicio. Pregunta a tu compañeros*

¿Alguna vez te has quemado las pestañas para lograr algo?

- Sí, una vez me quemé las pestañas cuando ______________________________.

a) Mi compañero/a ____________ dijo que se había quemado las pestañas cuando ____.

4) Algunas ideas sobre las versiones (버전) de las películas Disney

INSTRUCCIONES

a) Dividir el grupo en equipos de 3 o 4 compañeros.

b) Asignar a cada equipo uno de los tres temas que se tratan (se puede repetir).

c) Leer en equipo, comentar las preguntas y escribir sus conclusiones en el espacio indicado.

d) Un miembro del equipo lee sus conclusiones ante el grupo.

INTRODUCCIÓN

* Leer todos juntos, en voz alta

- Algunos estudios señalan que las películas de Disney se encuentran entre las más preferidas por los padres de familia porque las ven inocentes, con un mensaje moral aceptable y porque son muy bonitos sus dibujos y su música.
- Pero ¿qué intención tienen los productores de estas películas para niños?
- Para responder a esa pregunta, revisaremos algunos puntos que comprenden: la adaptación de los cuentos tradicionales, el concepto de familia y los personajes femeninos.

TEMA 1. CUENTOS TRADICIONALES

- Las películas consideradas en este estudio son esencialmente cuentos o adaptaciones de cuentos tradicionales y populares.
- La función que siempre han cumplido los cuentos ha sido la de iniciar a los niños en la organización de la vida social y de revelarle secretos o misterios de la naturaleza.
- Está el caso del valor de la obediencia en el cuento de *Caperucita Roja*, o de la importancia del estudio y del valor de la verdad en *Pinocho*, así como los castigos que se derivan si no se respetan las reglas.
- Pero dentro del catálogo de Disney no se encuentra ningún argumento que termine al estilo de esos cuentos.
- En los cuentos tradicionales, algunos de los finales son felices pero también hay tragedia en el castigo para los 'malos'. Por ejemplo, los pájaros amigos de Cenicienta les sacan los ojos a las hermanastras, en *Blancanieves* se tortura a la madrastra con unos zapatos de hierro calientes hasta que cae muerta, y en *La sirenita*, la protagonista se ve despreciada por el príncipe que se enamora de otra mujer y ella muere al final del cuento.
- En cambio, en Disney todos terminan bien, reencontrándose con la familia o cumpliendo con su destino.

Pregunta y comenta con tus compañeros

¿Por qué todo termina bien en las películas de Disney y no se cometen cosas horribles como en los cuentos tradicionales?

TEMA 2. LA FAMILIA

- Llama la atención en estas historias de Disney la ausencia de familias completas.
- Solo hay tres películas donde aparece la familia completa: *Peter Pan, La bella durmiente y Mary Poppins*, y en las demás únicamente aparece el padre de los protagonistas, como en *Aladín, La bella y la bestia, La sirenita, Toy Story, Pocahontas.*
- La otra opción son padres o maestros adoptivos: *Pinocho, Merlín, El libro de la selva*, y la madre aparece transfigurada como madrastra, como es el caso de *Blancanieves y La Cenicienta.*
- De esta manera, los grupos son: padres o madrastra; princesas, reina madre y madrastra. El personaje de la princesa corresponde a lo más puro y bello que hay en la adolescencia.
- El papel de la reina madre es breve y sin defectos. La mujer tiene un hijo, después muere y sale del relato. Ser madre es un valor brillante y fugaz. En todas las películas analizadas es muy difícil encontrar a una madre sola, *Toy Story* es la excepción. El papel del padre aparece solo con más frecuencia.
- En los cuentos de animales, la familia sí aparece completa, en *El rey león*, Mufasa, Sarabi y Simba forman el núcleo familiar (padre, madre e hijo) que al final de la película se convierte en Simba, Nala y el nuevo rey León.
- En *101 dálmatas*, Pongo y Perdi tienen muchos cachorritos pero sus dueños, no tienen hijos.
- Desde 1964 en que se estrena *Mary Poppins*, no aparece ninguna familia humana completa y pasan treinta años, antes de que vuelva a aparecer una familia completa animal en *El rey león*.

Pregunta y comenta con tus compañeros

¿Por qué hay preferencia por el padre y a la madre se le desaparece de las películas o se le da un papel negativo como madrastra?

¿Por qué solo las familias de animales aparecen completas?

TEMA 3. LA MUJER

- El tratamiento que recibe la mujer en las películas de Disney es bastante negativo.
- En *La sirenita* encontramos a Úrsula, la bruja del mar, diciendo cosas como esta: *"Los hombres no te buscan si les hablas. No creo que los quieras aburrir. [...] Admirada tú serás, si callada siempre estás. Sujeta bien tu lengua y triunfarás."*
- En la película *Aladín*, Yafar le dice a Jazmín: *"Veo que te has quedado sin habla: una cualidad muy apreciada en la mujer".*
- Por su parte, en *La bella y la bestia*: *"El pueblo entero lo comenta: no está bien que una mujer empiece a tener ideas y a pensar".*
- En una lista de 23 películas, la mujer solo aparece como protagonista en 10 de ellas, y sus papeles normalmente giran en torno al hombre: *Blancanieves, La Cenicienta, La sirenita, Pocahontas, por ejemplo.*
- Las mujeres no pueden cambiar de clase social a menos que un hombre se enamore de ellas. El único cambio que se permite es el cambio provocado por el amor. Cenicienta se casa con el príncipe por amor.

- Existe solo una excepción en este caso, la película *Pocahontas* que es la única que tiene un final "no feliz".
- Pocahontas es un caso especial, una película donde la protagonista de raza indígena no se casa con el pretendiente.

Pregunta y comenta con tus compañeros

¿Por qué si una sirena puede casarse con un príncipe, una aldeana puede hacerlo con una bestia, una chica pobre puede hacerlo con un príncipe, por qué no puede Pocahontas, la princesa india, casarse con un hombre de piel blanca?

ALGUNAS CONCLUSIONES

*** Leer todos juntos, en voz alta**

- Para la primera parte sobre el final de los cuentos, la respuesta podría ser porque Disney quiere presentar el mejor de los mundos posibles y ese es el mundo capitalista donde al final todo sale bien, donde todos tienen un sitio designado y son felices así como son.
- Sobre las familias monoparentales (solo madre o solamente el padre), podría ser una preparación psicológica para los niños que deben enfrentar el fenómeno tan común del divorcio en la sociedad estadounidense.
- En relación con el tratamiento de la mujer, se refleja una sociedad que la margina y respecto a la pregunta sobre el final de *Pocahontas* tiene una difícil respuesta en una sociedad supuestamente multicultural.

* *Ejercicio. Busca un cuento que tenga 2 versiones, y escribe algunas diferencias*

CUENTO:	
VERSIÓN 1	VERSIÓN 2

5) Ejercicio. Después de leer con atención, marca la opción correcta junto con tu compañero

* Respuestas, en el anexo p. 207

1.	el hada		la hada	
2.	el aula		la aula	
3.	el agua	○	la agua	×
4.	el hacha		la hacha	
5.	un agua		una agua	
6.	un aula		una aula	
7.	un hada		una hada	
8.	un águila		una águila	

LECTURA

- El *Diccionario panhispánico de dudas* señala que cuando un sustantivo femenino comienza por /a/ tónica, se exige el uso de la forma masculina del artículo definido (*el*) si entre ambos elementos no se interpone otra palabra: *el agua, el hada.*
- Pero los adjetivos deben ir en forma femenina: *el agua clara, el hada madrina.*
- En cuanto al artículo indefinido, aunque no se considera incorrecto el uso de la forma *una,* hoy es mayoritario y preferible el uso de la forma masculina un: *un agua muy tranquila.*
- Lo mismo ocurre con los indefinidos *alguno y ninguno: algún aula, ningún hacha.*
- El resto de los adjetivos determinativos debe ir en femenino: *esta hada, toda el agua, mucha agua, etc.*

Lección
13
Palabras nuevas

TEMA 13 Vocabulario con las últimas letras del alfabeto (v, w, x, y, z)

1) Saludo a mis compañeros al llegar a la clase

¿Hola, qué tal? / ¿Qué cuentas de nuevo?
¿Cómo te va? / ¿Cómo estás?

- Nada nuevo, estoy bien, gracias. / Hoy tengo que ir a una conferencia

2) La palabra del día

¿Hay alguna palabra que sirva para nombrar a todos los seres de abajo?

1. 
2. 
3. 
4. 
5. 

∗ *Escribe el número de las imágenes que corresponda a cada una de las definiciones siguientes*

∗ *Respuestas, en el anexo p. 207*

(   ) monstruo : Producción contra el orden regular de la naturaleza.

(   ) ______: Ser fantástico que causa espanto.

(   ) ______: Cosa excesivamente grande o extraordinaria en cualquier línea.

(   ) ______: Persona muy cruel y perversa.

(   ) ______: Persona de extraordinarias cualidades y aptitudes para desempeñar una actividad determinada.

monstruo. (Del latín *monstrum*)

Palabra que actualmente define a toda persona o animal que en sus características rompe con las normas establecidas o que sobresale del orden común de la naturaleza.

3) La frase de hoy

FRASE HECHA	SIGNIFICADO
12. Ni fu ni fa.	Expresión para indicar que algo es indiferente, que no es bueno ni malo. 그저 그런, 관심없는.

DIÁLOGO

∗ *Lectura dramatizada entre dos compañeros, frente al grupo*

A: Ayer fui a ver esa película que tanto han anunciado.

B: ¿La película de super estreno? ¡Yo quiero verla! ¿Qué tal está?

A: Ni fu ni fa.

B: ¿Qué es eso de "ni fu ni fa"?

A: No es mala pero tampoco me pareció tan buena.

B: Ah, ya entiendo, cuando algo me parezca indiferente puedo decir como tú.

A: Así es. ¿Qué tienes que hacer mañana? Te invito a ver el futbol, ¡es la final!

B: No gracias. A mí el futbol, ni fu ni fa.

∗ *Ejercicio. Pregunta a tu compañeros*

¿Hay algo que no te importe o que no te interese?

[1] A mí la moda, ni fu ni fa // [2] A mí la política, ni fu ni fa.

a) Mi compañero ____________ dijo que a él ____________, ni fu ni fa.

b) Mi compañera ____________ dijo que a ella ____________, ni fu ni fa.

4) Palabras nuevas. Primero dibuja lo que imagines con esas palabras y luego compara con tus compañeros

¿Qué te imaginas con estas palabras?

1. áncora	2. vitola	3. esvástica	4. mandrágora

5) En equipo, buscar las palabras que coinciden con las definiciones

∗ Estas palabras tienen en común que inician con las últimas letras del abecedario o alfabeto (v, w, x, y, z)

∗ No se permite usar diccionarios de ningún tipo. En el anexo está la hoja para recortar de esta actividad, p. 217

INSTRUCCIONES

a) Para este juego, se usará la hoja con las definiciones que está en el anexo del material para recortar. Por lo tanto, los alumnos NO deben ver sus libros (ya que ahí están las respuestas).

b) Se organizan equipos con 3 o 4 estudiantes y el profesor escoge solo a uno de cada equipo para revisar su hoja.

c) El profesor prepara las palabras de respuestas en letreros grandes que se pegarán alrededor del salón de clase (*las palabras están al final, en el anexo de respuestas*)

d) El profesor va pidiendo por partes: de la pregunta 1 a la 5; de la 6 a la 10; de la 11 a la 15; etc. También se puede alternar el orden o pedir cierto número de aciertos

e) El equipo que complete primero cada parte o el total, ¡ganará!

f) Al terminar el juego, comparar con las respuestas correctas.

* *Respuestas, en el anexo p. 207*

1. ____________: Alguien o algo que fácilmente y de continuo se mueve de una a otra parte.
2. ____________: Ciencia que cura las enfermedades de los animales.
3. ____________: Acción y efecto de revisar la autoridad un documento para darle validez.
4. ____________: Persona que disfruta contemplando actitudes íntimas de otras.
5. ____________: Inodoro | Cuarto de baño
6. ____________: Juego practicado en una piscina entre dos equipos de siete jugadores cada uno, que consiste en introducir el balón con la mano en la portería contraria mientras se nada.
7. ____________: Género de películas del Lejano Oeste.
8. ____________: Odio, rechazo u hostilidad hacia los extranjeros.
9. ____________: Elemento químico de núm. atóm. 54. Gas noble presente en el aire en pequeñísima cantidad, denso, incoloro y no del todo inerte.
10. ____________: Instrumento musical de percusión formado por láminas generalmente de madera, ordenadas horizontalmente según su tamaño y sonido, que se hacen sonar golpeándolas con dos baquetas.
11. ____________: Arte de grabar en madera. Impresión tipográfica hecha con planchas de madera grabadas.
12. ____________: Hembra del caballo.
13. ____________: Terreno no habitado, sin cultivar.
14. ____________ : Respecto de una persona, el esposo de su hija.
15. ____________: Sistema japonés de lucha, que hoy se practica también como deporte, y que tiene por objeto principal defenderse sin armas

mediante llaves y movimientos aplicados con destreza.

16. ____________: Colocado junto a algo o en posición inmediata a algo. Se dice también de las palabras formadas por una simple a la que se antepone otra palabra completa, conservando ambas su significación original.

17. ____________: Destrozo. | Riña, pelea.

18. ____________: Piedra preciosa de color azul.

19. ____________: Línea que en su desarrollo forma ángulos alternativos, entrantes y salientes.

20. ____________: (황도대: 태양의 경로) Zona o faja celeste que indica el espacio en que se contienen los planetas y comprende los 12 signos, casas o constelaciones que recorre el Sol en su curso anual aparente: Aries, Tauro, Cáncer, Virgo, Acuario, Piscis, Sagitario, Escorpio, Leo, Libra, Capricornio y Géminis.

espantapájaros	matamoscas	pelirrojo
girasol	mediodía	pisapapeles
guardabosque	menospreciar	portafolios
guardacostas	micrófono	portamonedas
guardaespaldas	mondadientes	portarretrato
guardameta	montacargas	puntapié
guardarropa	motocicleta	puntiagudo
hazmerreír	Nochebuena	quitamanchas
hidroavión	nomeolvides	rascacielos
hierbabuena	parabrisas	rioplatense
hojalata	sabelotodo	vaivén
lanzallamas	paracaídas	rompecabezas

Lección 14

Etiqueta y «netiqueta»

TEMA 14 Comparación de costumbres en diferentes culturas

1) Saludo a mis compañeros al llegar a la clase

¿Hola, qué tal? / ¿Qué cuentas de nuevo?
¿Cómo te va? / ¿Cómo estás?

- Nada nuevo, estoy bien, gracias. / Hoy tengo una cita para ir a cenar, ¡estoy feliz!

2) La palabra del día. Para descubrirlas, hay que leer con atención la LECTURA siguiente

¿Cómo se les llama a las normas de cortesía, a los buenos modos y maneras de tratar y de comportarse?

U ____ ____ A ____ I ____ ____ D

____________________: Cortesía, comedimiento, atención y buen modo.

¿Y cómo se le llama a las formas de comportarse especialmente, a diferencia de los usos de confianza o familiaridad?

____ T ____ ____ ____ ____ T A

______________: Ceremonia en la manera de vestirse y de tratar a las personas, a diferencia de los usos de confianza o familiaridad.

LECTURA

* Leer todos juntos, en voz alta

- La urbanidad se refiere al conjunto de normas de una sociedad que caracteriza a una persona bien educada por sus atenciones y buen modo de tratar a los demás con comedimiento y cortesía.
- La palabra viene del latín "urbanitas", de la misma familia de la palabra "urbe" que significa gran ciudad. Al parecer, la educación reglamentada se daba más en las ciudades que en el medio rural del campo.
- Una de las guías más famosas de urbanidad, en idioma español, es el "Manual de Carreño", escrito por el venezolano Manuel Carreño en 1853.
- Carreño, educado en las tradiciones del Siglo de las Luces, quiso modernizar la sociedad venezolana al estilo de Europa.
- La etiqueta es parte importante de la urbanidad y comprende las reglas para vestirse y tratar a las personas en ceremonias o en ocasiones no familiares donde no hay tanta confianza.
- Las reglas de etiqueta se deben aplicar, por ejemplo, en reuniones con la familia del novio o de la novia, con el jefe, en reuniones de trabajo o en ceremonias y eventos más formales.
- Hay etiqueta para vestir, para saludar, para comer, etc. La etiqueta va de la mano con la elegancia y quien respeta la etiqueta será siempre bienvenido.

3) La frase de hoy

FRASE HECHA	SIGNIFICADO
13. Predicar (설교하다) **en el desierto.**	Tratar de convencer, sin éxito, a personas que no están dispuestas a escucharnos. 쇠귀에 경 읽기.

DIÁLOGO

* *Lectura dramatizada entre tres compañeros, frente al grupo*

A: He hablado de muchas maneras con todos para que no tomen tanto licor en las reuniones, pero es predicar en el desierto.

B: Tienes razón, mamá. En Corea nadie escucha consejos para no beber ni para no fumar tanto, especialmente los jóvenes como nosotros.

C: Yo también les digo a mis amigos que no tomen tanto, pero es predicar en el desierto.

A: Y en esta casa, tampoco se escuchan los consejos. ¿Ya arreglaron sus habitaciones? Esta mañana dejaron todos sus libros y la ropa tirada en la cama.

B: ¡¡!! ¿¿?? (Silencio.)

A: ¿Me escuchan?, pregunté que si ya habían arreglado su ropa y sus libros...

C: ¡¡!!¿¿?? (Silencio.)

* *Ejercicio. Pregunta a tu compañero/a*

¿Cómo se puede aplicar este refrán?

- Mi compañero/a ____________ dijo que este refrán se podía usar, por ejemplo, cuando ____.

4) Historia y usos de la etiqueta

LECTURA

* Leer todos juntos, en voz alta

- La palabra etiqueta, con el uso que recibe en el presente, viene desde la época del rey Luis XIV (14), cuando el jardinero del palacio de Versalles consiguió imponer que las personas no atravesaran los jardines que él cuidaba por medio de la colocación de carteles, que en francés se llaman *étiquettes*.
- La definición de etiqueta se puede entender como reglas de honor y respeto que gobiernan y guían el comportamiento humano en ceremonias y actos sociales.
- Las reglas de etiqueta dependen de la cultura de cada país y es importante conocerlas para no cometer alguna descortesía que revele nuestra ignorancia.

* *Ejercicio. Ejemplos de etiqueta social. Pregunta a tus compañeros y encierra en un círculo* **SÍ o NO**.

* *Respuestas, en el anexo p. 207*

1. SÍ o NO: ¿Se puede poner el celular en la mesa mientras se come?
2. SÍ o NO: En Occidente, ¿primero se le sirve a la mujer de mayor edad en la mesa, después a las demás mujeres, enseguida al hombre de mayor edad y finalmente a los demás hombres?
3. SÍ o NO: ¿Tocarse el cabello o la cabeza en la mesa es de mala educación?
4. SÍ o NO: ¿Se pueden hacer ruidos raros al tomar la sopa u otro líquido?
5. SÍ o NO: ¿Se piden juntos el café y el postre (디저트 [후식]) al final de la comida o cena?
6. SÍ o NO: ¿Siempre que te inviten a una reunión formal se debe llevar un postre o unas flores o una botella de vino?
7. SÍ o NO: ¿Se puede masticar chicle en fiestas, ceremonias o eventos?
8. SÍ o NO: ¿Se debe preguntar a un discapacitado (장애인) si necesita ayuda antes de hacerlo?
9. SÍ o NO: ¿Es correcto nombrarse en primer término: "yo y mi hermana"?
10. SÍ o NO: ¿Se puede viajar en avión con ropa para hacer ejercicio?

5) El problema de la falta de urbanidad o de etiqueta. Dinámica de grupo

INSTRUCCIONES

a) Organizar por equipos de 2 o 3 compañeros.
b) Representar una situación de falta de etiqueta.
c) Enseguida, presentar el modelo correcto de urbanidad.
d) Ejemplos: en un restaurante, en una fiesta, en reunión con los profesores, etc.

- Comer con la boca abierta, sorber la comida, eructar (arrojar gases del estómago por la boca) enfrente de otros, etc.
- Molestar con el celular en el metro, ocupar los lugares reservados, dormirse sobre el pasajero vecino, etc.
- Masticar chicle al hablar, nombrarse primero, tutear a los mayores, etc.

6) Etiqueta en Internet

LECTURA

* Leer todos juntos, en voz alta

- La "netiqueta", por extensión, sería el conjunto de normas dictadas por la costumbre, la experiencia y las reglas de urbanidad y de buena conducta que deberían seguir los usuarios de Internet en sus relaciones con los demás.
- Estaríamos hablando de un comportamiento correcto en Internet con base en el respeto a los demás y la práctica de lo que sería correcto.
- La "netiqueta" no es una ley sino que comprende una serie de consejos derivados de la práctica que pueden cambiar con el tiempo.
- Numerosas páginas web están de acuerdo en señalar los siguientes 'diez mandamientos' para la ética del uso de la computadora.

1. No usarás el ordenador para molestar a otras personas.
2. No interferirás [interrumpir, obstaculizar, bloquear] en el trabajo de otra gente.
3. No entrarás en los archivos ajenos.
4. No usarás la computadora para robar.
5. No usarás el ordenador para dar falso testimonio.
6. No usarás o copiarás programas [*software*] por los que no has pagado.
7. No usarás recursos de computadoras de otra gente sin autorización.
8. No te apropiarás del trabajo intelectual de otra gente [plagio].
9. Reflexionarás acerca de las consecuencias morales y sociales de los trabajos que escribes y publicas en Internet.
10. Usarás la computadora mostrando consideración y respeto por los demás.

* *Ejercicio. Comenta con tus compañeros*

1. ¿Cuáles son las dos normas más importantes? ¿Por qué?

   a) ______________________________.

   b) ______________________________.

2. Si consideramos todo el Internet (páginas web, foros, correo electrónico y las charlas en directo [*chat*]), ¿qué normas faltarían?

   a) ______________________________.

   b) ______________________________.

3. ¿Qué situaciones o experiencias negativas has sufrido en el Internet o en la vida diaria, a causa de la falta de cortesía o de etiqueta?

a) ______________ ____

____.

b) ______________ ____

____.

c) ______________ ____

____.

Lección **15**

El cine y el teatro

TEMA 15 Expresión oral: elaboración de un diálogo para representar

1) Saludo a mis compañeros al llegar a la clase

¿Hola, qué tal? / ¿Qué cuentas de nuevo?
¿Cómo te va? / ¿Cómo estás?

- Nada nuevo, estoy bien, gracias. / Hoy tengo dos exámenes y un reporte

2) La palabra del día. Para encontrar las respuestas, hay que buscar en el cuadro de la lectura

Adjetivo que significa que algo se puede entender

¿entendible?, la Academia no lo recomienda. Es mejor...
_____________: Que puede ser entendido.

¿Y cuando algo no se puede entender?

¿inentendible? X
_____________: Que no se puede entender.

LECTURA

* Leer todos juntos, en voz alta

Noticias varias

- Platón decía que el conocimiento inteligible no era racional. El mundo de las ideas, los conocimientos que todos podían entender o comprender, estaba más allá de lo racional, según afirmaba el filósofo. De ahí derivó su formulación donde describía las características de lo sensible y lo inteligible.
- Se descubrió una nueva patología del cerebro que afecta la zona que controla el habla. El individuo que la sufra (padezca) hablará en un lenguaje *ininteligible* para los demás y quedará aislado en su propio mundo de palabras.
- El escritor español Julián Marías declaró sobre su obra recientemente reeditada: "Hace quince años, en 1985, publiqué un libro por el que siento cierta predilección: *España inteligible*. No es que sea mi «mejor» libro, pero es acaso el que ha ayudado más a que los españoles se entiendan a sí mismos."

3) La frase de hoy

FRASE HECHA	SIGNIFICADO
14. A caballo regalado no se le miran los dientes.	Recibir siempre con agrado cualquier regalo, sin revisarlo ni cuestionar su calidad. 선물을 받을 땐 가격이나 그 가치를 따지지 않는다.

DIÁLOGO

* *Lectura dramatizada entre dos compañeros, frente al grupo*

A: ¡Feliz cumpleaños! Te compré un regalo, toma.

B: Ah, una camiseta de futbol, pero a mí no me gusta el futbol y además toda mi ropa deportiva es de marca... Pero está bien, gracias de todos modos.

(*Un mes después*)

B: ¡Feliz cumpleaños! Te compré un regalo, toma.

A: Ah, qué bonito gorro. Te agradezco mucho por acordarte de mi cumpleaños.

B: Nunca te veo con gorro y por eso pensé en comprarte uno. Qué bueno que te gustó.

(*A se queda solo/a*)

A: La verdad es que no uso gorros porque no me gustan. Pero lo que cuenta es el detalle del regalo, aunque no me haya gustado... Espero que mi amigo/a aprenda eso algún día.

LECTURA

* Leer todos juntos, en voz alta

- Por el estado de desgaste de la dentadura se puede conocer la edad de algunos animales, en este caso, de un caballo.
- Es común revisarles los dientes cuando se quiere saber su buen estado de salud. En especial, cuando se quiere comprar un perro, un gato o un caballo.
- Por eso, cuando recibimos un regalo no debemos criticar su calidad ni su precio, ni decir que no nos gusta.
- Hay que agradecer siempre cualquiera que sea el regalo, lo que cuenta es el detalle y el afecto.

* *Ejercicio. Pregunta a tu compañeros*

¿Cómo se puede aplicar este refrán?

- Mi compañero/a ____________ dijo que este refrán se podía usar, por ejemplo, cuando ____.

4) Punto-punto. Para comentar y deducir con tus compañeros siguiendo el ejemplo, y dividir por equipos los diferentes casos

Ejemplo**: punto negro.** Aquello que resulta negativo**,** conflictivo o peligroso**.**

¿Qué significa la siguiente frase?

→ *En su gestión solo hubo un* ***punto negro****: su puntualidad.*

✓ significa que no era puntual
✓ que ya no trabaja en ese puesto, porque dice "hubo"
✓ que todo lo hacía bien aunque no era puntual

CASO 1.

punto negro. Aquello que resulta negativo, conflictivo o peligroso.

¿Qué significa la siguiente frase?
→ *El partido contra el Real Madrid fue un punto negro en mi carrera.*

✓ ______________________________
✓ ______________________________
✓ ______________________________

CASO 2.

punto de vista. Cada uno de los modos de considerar un asunto u otra cosa.

¿Qué significa la siguiente frase?
→ *Desde mi punto de vista, no todos tuvieron la culpa.*

✓ ______________________________
✓ ______________________________
✓ ______________________________

CASO 3.

a punto de. Expresa la proximidad de la acción indicada por el infinitivo.

¿Qué significa la siguiente frase?
→ *Está a punto de caer dormido.*

✓ ______________________________
✓ ______________________________
✓ ______________________________

CASO 4.

a tal punto que. Señala los resultados que se derivan de una acción o situación.

¿Qué significa la siguiente frase?

→ *La discusión llegó a tal punto que estalló la guerra.*

✓ ____________________

✓ ____________________

✓ ____________________

CASO 5.

hasta cierto punto. En alguna manera, no del todo.

¿Qué significa la siguiente frase?

→ *Estoy de acuerdo contigo hasta cierto punto.*

✓ ____________________

✓ ____________________

✓ ____________________

5) Ejercicio. Completa junto con tus compañeros utilizando las frases con "punto" anteriores, según corresponda

* Respuestas, en el anexo p. 208

1. Todo estuvo bien, en general, pero el ___________ de la conferencia fue el desorden que se hizo al final.
2. Los organizadores estaban muy molestos, ___________ decidieron llamar a la policía.
3. Desde el ___________ de la prensa, el desorden fue culpa de la deficiente vigilancia de los guardias.
4. ___________, la prensa tenía razón, pero también fueron culpables los organizadores.
5. A causa de tan grave problema, la compañía está ___________ cerrar por el escándalo.
6. No hubo suficiente comida, los meseros llegaron tarde, el vino era de baja

calidad... Esas deficiencias fueron un ____________ para la empresa. Desde mi 7.____________, creo que deberían cambiar al gerente.

6) Cine o teatro. Para conversar con tus compañeros

1. ¿Prefieres el cine o el teatro?

- Un punto negro del (cine / teatro) es que ____________, por eso prefiero ____________.

a) Mi compañera ____________ prefiere el ____________, porque ____.

b) Mi compañero ____________ prefiere el ____________, porque ____.

2. ¿Cuándo fue la última vez que fuiste al cine?

- Fui hace... / Fui la semana pasada, el mes pasado.

a) Mi compañera ____________ fue al cine ____________________.

b) Mi compañero ____________ fue al cine ____________________.

3. ¿Cuándo fue la última vez que fuiste al teatro?

- Fui hace muchos años / Fui la semana pasada, el mes pasado.

a) Mi compañera ____________ fue al teatro ____________________.

b) Mi compañero ____________ fue al teatro ____________________.

4. **¿Con quién prefieres ir al cine? ... ¿Y al teatro?**

- Prefiero ir al cine solo / al teatro con...

a) A ____________ le gusta ir al cine ____________ y al teatro ____________.
b) A ____________ le gusta ir al cine ____________ y al teatro ____________.

5. **Desde tu punto de vista,¿crees que podrían desaparecer (el cine y el teatro)?**

[1] Desde mi punto de vista, no creo que pueda desaparecer el ____________.
[2] Desde mi punto de vista, no creo que puedan desaparecer ninguno de los dos.
[3] Desde mi punto de vista, creo que podría desaparecer el ____________.

a) Mi compañero ____________ cree que ____________________.
b) Mi compañero ____________ cree que ____________________.
a) Mi compañero ____________ no cree que ____________________.
b) Mi compañero ____________ no cree que ____________________.

6. **¿Cuál de los dos estaría en mayor peligro de desaparecer?**

- Desde mi punto de vista, el (cine / teatro) estaría ____________.

a) A ____________________ le parece que el cine estaría en mayor peligro.
b) A ____________________ le parece que el cine estaría en mayor peligro.
a) A ____________________ le parece que el teatro estaría en mayor peligro.
b) A ____________________ le parece que el teatro estaría en mayor peligro.

7) ¡Vamos a hacer teatro! En equipos de 3 o 4, preparar una pequeña obra de teatro

TEMA: La vida en familia, planeando las vacaciones de verano

PERSONAJES: Papá, mamá, hijo(s)

TIEMPO: 2 minutos

TÍTULO: ________________________________

PAPÁ: ¿Adónde quieren ir de vacaciones?

HIJO:

MAMÁ:

HIJA:

PAPÁ:

HIJO:

MAMÁ:

HIJA:

PAPÁ:

HIJO:

MAMÁ:

HIJA:

PAPÁ:

HIJO:

MAMÁ:

HIJA:

PAPÁ:

Lección 16

El mundo hoy en día

TEMA 16 Tema cultural: las noticias del mundo

1) Saludo a mis compañeros al llegar a la clase

¿Hola, qué tal? / ¿Qué cuentas de nuevo?
¿Cómo te va? / ¿Cómo estás?

- Nada nuevo, estoy bien, gracias. / Hoy tengo tiempo libre, te invito al cine.

2) La palabra del día

* Respuestas, en la NOTICIA siguiente

¿Cómo se le llama a una enfermedad que ataca a muchas personas al mismo tiempo?

____________: Enfermedad que se propaga durante algún tiempo por un país, atacando simultáneamente a gran número de personas.

¿Cómo se le llama a una enfermedad que ataca a muchas personas al mismo tiempo en varios países?

____________: Enfermedad epidémica que se extiende a muchos países o que ataca a casi todos los individuos de una localidad o región.

NOTICIA

- La Organización Mundial de la Salud notifica [avisa, dice] que se incrementó [aumentó, subió] de 3 a 4 el nivel de alerta [alarma, peligro] de la *epidemia* de gripe H7N9, lo cual significa que ha aumentado sustancialmente el riesgo de una pandemia.
- El virus de la gripe H7N9 demostró que puede transmitirse [contagiarse] rápidamente entre los humanos, lo cual aumenta el temor a que el mundo esté enfrentando [sufriendo] una *pandemia* que, según los científicos, estaba prevista desde hace tiempo.

3) La frase de hoy

FRASE HECHA	SIGNIFICADO
15. El mundo es un pañuelo.	El mundo es pequeño y donde menos imaginamos (por la distancia o por las circunstancias), podemos encontrar a alguien que no esperábamos. 세상은 좁다.

DIÁLOGO

* *Lectura dramatizada entre dos compañeros, frente al grupo*

(En un primer día de clase) A: compañera y B: compañero

A: Hola, mi nombre es ____________, ¿cómo te llamas?

B: Me llamo ____________. Mucho gusto. Perdona una pregunta, ¿de casualidad viajaste por Bolivia estas vacaciones pasadas?

A: Sí, estuve en Bolivia, Perú y México. (*Pausa...*) ¡No lo puedo creer! ¡Eres ____________, el de la brigada de ayuda!

B: No cabe duda, el mundo es un pañuelo. ¡Qué suerte encontrarte de nuevo!

A: Sí, me parece increíble la coincidencia, ¡qué pequeño es el mundo! Qué bueno que seremos compañeros en esta clase.

B: ¡A mí me alegra también!

∗ *Ejercicio. Pregunta a tus compañeros*

¿Has tenido algún encuentro inesperado alguna vez?

- Sí, una vez me encontré a ____________ sin esperarlo.

a) Mi compañera ____________ dijo que una vez se encontró a____________ en____.

b) Mi compañero ____________ dijo que una vez se encontró a____________ en____.

c) Mi compañera ____________ dijo que nunca se había encontrado a nadie inesperadamente.

4) El mundo hoy en día

∗ Leer todos juntos, en voz alta

Fotógrafos profesionales retratan maras salvadoreñas

- El fotógrafo franco-español Christian Poveda y la fotógrafa española Isabel Muñoz entraron en las cárceles (감옥) de El Salvador para retratar a los miembros de las maras y poder llamar la atención sobre una calamidad (공포) social que tiene asolada (겁나는 atemorizada) a la juventud salvadoreña.

- *"Quería entender cuáles eran las causas, por qué hoy miles de jóvenes llegaron a este punto sin vuelta"*, dijo Poveda, quien murió asesinado en septiembre de 2009.
- A los fotógrafos les atrajo (주의를 끌다) el hecho de que los miembros de las maras utilicen sus cuerpos como libros para contar sus vidas a través de tatuajes (문신).

- Ambos recorrieron las cárceles de El Salvador en las que están repartidas y separadas las maras principales, la "Salvatrucha", la "Trece" y la "Dieciocho".
- En una serie de retratos aparecen los mareros, orgullosos, desafiantes, con sus cuerpos llenos de tatuajes y con huellas de pasados violentos.

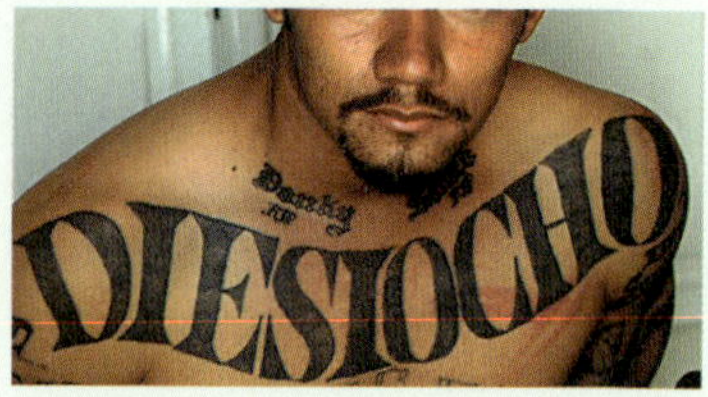

- Con esas imágenes intentan transmitir lo que han visto: un fenómeno que se nutre (...에서 시작하는) de pobreza, en familias desintegradas en las que la madre es la trabajadora, con un sueldo mensual (평균 월급) de 100 dólares.
- En muchos lugares de El Salvador, explica Muñoz, "los chicos viven en la calle, no hay enseñanza ni tienen ideales". Por su parte, Poveda afirmó: "No surgen pandilleros (grupos de muchachos de las pandillas) de la noche a la mañana. Me interesa dar elementos a la gente que está interesada en entender y buscar soluciones que, a mi parecer, no se encuentran para nada en la represión."

* *Ejercicio, buscar una noticia sobre algún problema de actualidad. Pregunta a tus compañeros y registra en el cuadro sus noticias*

¿De qué trata tu noticia?

[1] Mi noticia trata del problema de las maras en Centroamérica.

- Mi noticia trata [habla] del problema de ________________________.

Las maras en Centroamérica		

EL MUNDO HOY EN DÍA

- En los tiempos actuales, tenemos frente a nosotros un mundo muy diferente al que conocieron nuestros padres y nuestros abuelos.
- Por una parte, tenemos un mundo con más avances tecnológicos y con mayor número de comodidades para vivir.
- Pero por otra, enfrentamos una crisis de valores en todos los sentidos que ponen en riesgo la seguridad social y la vida del planeta.
- Como jóvenes y futuros profesionistas, pensamos que debemos aprovechar lo que tenemos para buscar medidas que frenen los problemas más graves de hoy en día.

* *Dinámica de grupo*

INSTRUCCIONES

a) Dividir el grupo en equipos de 3 o 4 compañeros.
b) Comentar y decidir cuáles son los 3 problemas más urgentes de solución.
c) Pensar y proponer ¿cómo se podrían solucionar?
d) Leer frente al grupo junto con los otros equipos

De los problemas que escuchamos, ¿cuáles son los más urgentes?, y ¿cómo podríamos solucionarlos?

	¿cuáles?	¿cómo?
1.		
2.		
3.		

Lección 17

Qué dicen los demás

TEMA 17 Estilo directo e indirecto

1) Saludo a mis compañeros al llegar a la clase

¿Hola, qué tal? / ¿Qué cuentas de nuevo?
¿Cómo te va? / ¿Cómo estás?

- Nada nuevo, estoy bien, gracias. / Hoy tengo un poco de tarea, solamente.

2) La palabra del día

* Respuestas, en la LECTURA siguiente

¿Qué adjetivo se usa para decir que una persona es extremadamente pobre?

¿pobrísimo? Sí, pero también el que viene directo del latín.
____________: adjetivo superlativo culto de pobre.

¿Y qué adjetivo se usa para decir que alguien o algo es muy libre?

¿librísimo? X
____________: adjetivo superlativo culto de libre.

LECTURA

* Leer todos juntos, en voz alta

-érrimo -érrima.

- El *Diccionario panhispánico de dudas* señala esta terminación para varios superlativos cultos que vienen directamente del latín. Por ejemplo: *celebérrimo* (del latín *celeberrimus*, superlativo de 'célebre'), *libérrimo* (del latín *liberrimus*, superlativo de 'libre'), misérrimo (del latín *miserrimus*, superlativo de 'mísero'), *nigérrimo* (del latín *nigerrimus*, superlativo de 'negro'), *paupérrimo* (del latín *pauperrimus*, superlativo de 'pobre'), *entre otros*.
- Junto a la forma terminada en -érrimo, algunos adjetivos presentan también un superlativo en *-ísimo, como asperísimo, negrísimo, pobrísimo y pulcrísimo*, igualmente válidos.
- En otros casos, solo existe una forma; por ejemplo: *libérrimo*, no existe ⊗*librísimo*, y solo se admite misérrimo, no ⊗*miserísimo*).

3) La frase de hoy

FRASE HECHA	SIGNIFICADO
16. Al pan, pan y al vino, vino.	Refrán muy popular que aconseja llamar a las cosas por su nombre, es decir, hablar siempre con la verdad y sin rodeos. 아주 직접적으로 대놓고 말하다.

DIÁLOGO

* *Lectura dramatizada entre dos compañeros, frente al grupo*

A: Bueno, no quería decirte... espero que tú ya te hayas dado cuenta de que... es decir, no quisiera tener que decirte yo... pero últimamente...

B: ¡Ya, deja de dar vueltas! Al pan, pan y al vino, *vino*, y habla claramente.

A: Pues dicen que algunos, no se sabe quiénes, que vieron las calificaciones y dicen que tal vez no nos fue tan bien...

B: Dime qué te dijeron, por favor.

A: Creo que... tal vez... no es seguro, pero mejor no te digo nada.

B: Pues yo sí sé. Yo tuve una buena calificación, pero tú no tanto. Sacaste "C".

A: Pero cómo puedes ser tan cruel, ¿por qué me dices tan directamente?

B: Ya me conoces, yo siempre hablo así, al pan, pan y al vino, vino, diciendo las cosas por su nombre y sin dar tantas vueltas para decirte la verdad.

* *Ejercicio. Pregunta a tus compañeros*

¿Prefieres hablar directamente o eres más sutil (menos directo/a)?

1 Yo, al pan, *pan* y al *vino*, vino. Prefiero hablar directamente.

2 Prefiero ser menos directo/a, depende del asunto.

a) Mi compañero/a ____________ prefiere ______________________________.

b) Mi compañero/a ____________ prefiere ______________________________.

c) Mi compañero/a ____________ prefiere ______________________________.

4) Estilo directo e indirecto

Estilo directo: El estilo directo cita textualmente las palabras de alguien.

Ejemplo: Juan dijo: "Me he dado cuenta de que la vida es un reto para ser feliz."

Estilo indirecto: En el estilo indirecto se presenta solamente el discurso del que cita las palabras de otro; es el opuesto del discurso directo.

Ejemplo: Juan dijo que se había dado cuenta de que la vida era un reto para ser feliz.

En el estilo indirecto hay fórmulas para saber a qué tiempos verbales debemos cambiar las palabras de otra persona. En este libro, les llamaremos CASOS.

* *Leer juntos el resumen del cambio de tiempos verbales que ocurren en estos casos*

CASO	ESTILO DIRECTO	ESTILO INDIRECTO
1	"**estoy** enfadado"	dijo que **estaba** enfadado
2	"**compré** una pluma"	dijo que **había comprado** una pluma
3	"me **he quedado** dormido"	dijo que se **había quedado** dormido
4	"yo **viajaba** con frecuencia"	dijo que **viajaba** con frecuencia
5	"te **llamaré** tarde"	dijo que me **llamaría** tarde
6	"¿Lina **encontraría** trabajo?"	dijo que si Lina **habría encontrado** trabajo
7	"**vayan** al museo"	dijo que **fueran** al museo

* *Ejercicios para cada caso de estilo indirecto. Se pueden resolver entre dos compañeros y luego pasar al frente para escribirlos en la pizarra.*

* *Respuestas, en el anexo p. 208*

CASO - 1	**PRESENTE a PRET. IMPERFECTO**
Pedro: "Estoy enfadado."	Pedro dijo que estaba enfadado.
PRESENTE ⟶	PRET. IMPERFECTO (~aba, ~ía, iba, era)

* *Ejercicios. Caso 1 – Cambiar a estilo indirecto*

1. Mamá: "*¿Cuándo* vas a regresar?"

   ESTILO INDIRECTO: La mamá le ____________ que cuándo ____________ a regresar.

2. Todos: "Estamos listos para salir."

   ESTILO INDIRECTO: Todos ____________ que ____________ listos para salir.

3. Luis: ¿Dónde prefieren estudiar?

   ESTILO INDIRECTO: Luis ____ ____________ que dónde ____________ estudiar.

Para recordar... Cuando se trata de preguntas, se debe utilizar el OBJETO INDIRECTO dos veces

- *me* dijo *a mí* || *te* dijo *a ti* || *le* dijo *a él – a ella – a Ana - a la profesora*
- *le* dijo *al* – (*a*) + (*el*) = ***al*** *señor* – ***al*** *muchacho* – ***al*** *niño* – ***al*** *profesor*
- *nos* dijo *a nosotros – a todos* || *les* dijo *a los demás – a ellas*

CASO - 2	PRETÉRITO SIMPLE a PLUSCUAMP.
Raúl: "Compré una pluma."	Raúl dijo que había comprado una pluma.
PRETÉRITO SIMPLE ⟶	PRET. PLUSCUAMPERFECTO (había ~ado, ~ido)

∗ *Ejercicios. Caso 2 – Cambiar a estilo indirecto*

1. Joel: "Yo no desayuné ayer."

   ESTILO INDIRECTO: Joel ____________ que no ____________________ ayer.

2. Joel: "Solo tomé un vaso de leche."

   ESTILO INDIRECTO: Joel ____________ que solo ____________ un vaso de leche.

3. Adriana: "¿Y no tuviste hambre?"

   ESTILO INDIRECTO: Adriana ____ ____________ que si no ____________ hambre.

Para recordar... **Cuando en las preguntas no hay pronombre relativo, entonces debemos usar la conjunción 'si' (sin acento)**

- ¿No *tuviste* miedo?

  ↓

  Me preguntó ***que*** si *no había tenido* miedo.

{ *- PRETÉRITO -* / *tuviste* → *había tenido* / **CASO 2** }

CASO - 3	PRETÉRITO PERF. a PLUSCUAMP.
Beto: "*Me* he quedado dormido"	Beto dijo que se había quedado dormido.
PRETÉRITO PERFECTO ⟶	PRET. PLUSCUAMPERFECTO (había ~ado, ~ido)

∗ *Ejercicios. Caso 3 – Cambiar a estilo indirecto*

1. Beto: "¿De *dónde* han venido ustedes?

   ESTILO INDIRECTO: Beto ____ ____________ ____ *ellos* que de dónde ____________.

2. Papá: "Hijo, he pensado en tu futuro."

   ESTILO INDIRECTO: El papá ____ ____________ a su hijo que __________ en su futuro.

3. Cecilia: "¿Han decidido algo para la fiesta?"

ESTILO INDIRECTO: Cecilia ____ ____________ que ____ ______________ algo para la fiesta.

CASO - 4	PRETÉRITO IMPERFECTO
Ana: "Yo viajaba con frecuencia."	Ana dijo que viajaba con frecuencia.
PRET. IMPERFECTO =	PRET. IMPERFECTO (~aba, ~ía, iba, era)

* *Ejercicios. Caso 4 – Cambiar a estilo indirecto*

1. Ana: "Yo ayudaba mucho a mi mamá."

ESTILO INDIRECTO: Ana ____________ que ______________ mucho a ____________ mamá.

2. Javier: "Cuando era niño dormía todo el día."

ESTILO INDIRECTO: Javier ____________ que cuando ____________ niño ____________ todo el día.

3. Carmen: "¿Y no ibas a la escuela?"

ESTILO INDIRECTO: Carmen ____ ____________ que ____ no____________ a la escuela.

CASO - 5	FUTURO a CONDIC. SIMPLE
Lucía: "Te llamaré más tarde."	Lucía dijo que me llamaría más tarde.
FUTURO ——→	CONDICIONAL SIMPLE (~ría)

* *Ejercicios. Caso 5 – Cambiar a estilo indirecto*

1. Lucía: "David, llevaré a los niños al parque."

ESTILO INDIRECTO: Lucía ____ ____________a David que ______________ a los niños al parque.

2. David: "Entonces, tomaré una siesta."

ESTILO INDIRECTO: David ____ __________ que entonces ______________ una siesta.

3. Lucía: "También compraré algo de ropa."

ESTILO INDIRECTO: Lucía ____ __________ que también ______________ algo de ropa.

CASO - 6	CONDIC. SIMPLE a CONDIC. COMPUESTO
José: "¿ Encontraría trabajo Ana?"	José preguntó que si Ana habría encontrado trabajo.
CONDICIONAL SIMPLE →	CONDICIONAL COMP. (habría ~ado, ido, to, cho)

* *Ejercicios. Caso 6 – Cambiar a estilo indirecto*

1. José: "¿Estudiaría ayer mi hermana?"

   ESTILO INDIRECTO: José ___________ que ____ ____ hermana ________ ayer.

2. Elena: "¿Compraría coche nuevo?"

   ESTILO INDIRECTO: Elena ___________ que ____ ________________ coche nuevo.

3. Sandra: "¿Sería culpable?"

   ESTILO INDIRECTO: Sandra ___________ que ____ ________________ culpable.

CASO - 7	IMPERATIVO a PRETÉRITO SUBJUNTIVO
Profesora: "Vayan al museo."	La profesora dijo que fueran al museo.
MODO IMPERATIVO →	PRETÉRITO SUBJUNTIVO (~ara, ~era)

* *Ejercicios. Caso 7 – Cambiar a estilo indirecto*

1. Juan: "Busquen *mis* llaves, por favor."

   ESTILO INDIRECTO: Juan ____ ___________ que ____________ ____ llaves, por favor.

2. Lucía: "Sara, prepara la cena, por favor"

   ESTILO INDIRECTO: Lucía ____ ___________ a Sara que ___________ la cena, por favor..

3. Sara: "Sí, pero regresa pronto."

   ESTILO INDIRECTO: Sara ____ __________ que sí, pero que ___________ pronto.

5) Ejercicios de los 7 casos de estilo indirecto. Responder junto con tus compañeros y escribir el número del caso al que corresponden

* Recortar la hoja con los ejemplos de los 7 casos, en el anexo p. 219

1. Javier: "Andrés, tráeme unas cervezas, por favor". (CASO ____)
→ Javier ______ dijo a Andrés que ______ __________ unas cervezas, por favor.

2. "Aquí pasa algo raro", dijo Fernando. (CASO ____)
→ Fernando ______ que ______ ____________ algo raro.

3. "Esta situación no podía durar mucho tiempo", dice el Prof. Kim. (CASO ____)
→ El Prof. Kim dijo que ______ situación no ____________ durar mucho tiempo.

4. "Estos seminarios son muy interesantes", piensan los alumnos. (CASO ____)
→ Los alumnos pensaron que ______ seminarios ____________ muy interesantes.

5. Manuel: "No nacerá otra como tú". (CASO ____)
→ Manuel ______ dijo que no ____________ otra como ____________.

6. Mamá: "Ponte el suéter, por favor". (CASO ____)
→ ______ mamá __ dijo que ______ ____________ el suéter, por favor.

7. Ana: "Eva, si vienes a mi casa, te daré el libro". (CASOS ____ y____)
→ Ana le dijo ______ ____________ que ______ ____________ a ______ casa ______ ____________ el libro..

8. Lidia: "¿Ha pasado por aquí la manifestación?" (CASO ____)
→ Lidia preguntó que ______ ____________ por ______ la manifestación.

9. Larisa: "Con el sueldo de este mes, lo invité a cenar". (CASO ____)
→ Larisa dijo que con el sueldo de ______ mes lo ____________ a cenar.

10. Andrea: ¿Has terminado tu trabajo, Leticia? (CASO ____)
→ Andrea le preguntó a Leticia que ____ ____________ ______ trabajo.

11. Rafael: "Liz no responde, ¿se quedaría dormida?" (CASOS ____y____)
→ Rafael dijo que Liz no ____________, que ______ se ____________ dormida.

12. Juan: "La situación no caminaba como debía". (CASO ____)
→ Juan dijo que la situación no ____________ como ____________.

13. Secretario: "Hoy no hubo reunión". (CASO ____)
→ El secretario dijo que ______ día no ______________ reunión.

14. Presidente: "¿Firmarían el acuerdo para los griegos?" (CASO ____)
→ El presidente preguntó que ______ ____________ el acuerdo para los griegos.

* Respuestas, en el anexo p. 209

Lección

18

Recuerdos de la niñez

TEMA 18 Expresión oral. Pretérito imperfecto del indicativo

1) Saludo a mis compañeros al llegar a la clase

¿Hola, qué tal? / ¿Qué cuentas de nuevo?
¿Cómo te va? / ¿Cómo estás?

- Hoy [**no**] me siento bien, estoy..., tengo...
- Nada nuevo, gracias. / Hoy tengo mucha tarea y una cita con el dentista

2) La palabra del día

* Respuestas, en la LECTURA de la lección 17, ejercicio 2

¿Cómo se dice demasiado negro con una sola palabra?

¿negrísimo? Sí, pero también el que viene directo del latín.
____________: adjetivo superlativo culto de negro.

¿Cómo se dice el más célebre con una sola palabra?
Personajes célebres: Cervantes, Da Vinci, Einstein...

¿celebrísimo? X
____________: adjetivo superlativo culto de célebre.

* *Completa el cuadro junto con tus compañeros de equipo, con la información de la lección anterior. El equipo que termine primero y correctamente, ¡ganará!*

ADJETIVOS SUPERLATIVOS

	muy ...	...érrimo	...ísimo
1.	muy pobre		
2.	muy libre		
3.	muy negro		
4.	muy célebre		
5.	muy mísero (infeliz, tacaño)		
6.	muy áspero (contrario a 'suave')		
7.	muy pulcro (limpio y arreglado)		

* *Respuestas, en el anexo p. 209*

3) Cuando era niño. Preparar la exposición en clase sobre tu niñez

EXPOSICIÓN EN CLASE

1) Duración: 3 a 4 minutos, dependiendo del número de alumnos
2) Tema: "*Cuando era niño*" / "*Cuando era niña*"
3) Forma: diálogo entre 2 compañeros
4) Observaciones importantes
   - ✓ No se permite leer
   - ✓ Pueden preparar algo de material auxiliar (en *.ppt, p. ej.)
   - ✓ Hay práctica sobre la exposición de los compañeros.
   - ✓ Por eso, hay que estar en clase y llegar puntualmente.

5) Algunas preguntas que pueden servir de guía para el diálogo
   - ¿Qué te gustaba hacer cuando eras niño/a?
   - ¿Qué buenos recuerdos tienes de tu niñez?
   - ¿Recuerdas alguna anécdota curiosa en especial?

- ¿Cuáles eran tus pasatiempos de niño/a?
- ¿Tenías algún juguete o juego preferido?
- ¿Cómo era tu carácter cuando eras niño/a?
- ¿Piensas que has cambiado mucho de cuando eras niño/a?

Se considerará para la calificación

1. Preparación del tema
2. Fluidez, entonación y naturalidad en la expresión
3. Vocabulario y sintaxis

PRETÉRITO IMPERFECTO

- El pretérito imperfecto o copretérito es un tiempo que indica una acción pasada que no se muestra como acabada
- Se usa para hablar de hechos del pasado que no tienen un tiempo preciso en el recuerdo
- Para los verbos terminados en ~AR - amaba, ~ER - tenía, ~IR - vivía
- Dos verbos irregulares en imperfecto: SER - era // IR - iba
- El pretérito imperfecto no cambia en el estilo indirecto

* *Ejercicio. Escuchar las exposiciones de nuestros compañeros y escribir dos cosas que les gustaba hacer cuando eran niños.*

* *La hoja para la práctica, en el anexo p. 221*

EJEMPLO[1]: Liliana les cortó el pelo a sus hermanos. (ALGO que pasó solo UNA vez)

PRETÉRITO SIMPLE (fue, hizo, cantó...)

EJEMPLO[2]: A Luis le gustaba jugar futbol y cantar. (HECHOS imprecisos en el tiempo)

PRETÉRITO IMPERFECTO (...aba, ...ía, era, iba)

EJEMPLO[3]: Carlos quería viajar por todo el mundo. (HECHO o CARÁCTER, imprecisos en el tiempo o más de una vez)

IMPERFECTO (...aba, ...ía, era, iba)

1. ______________________________.

2. ______________________________.

3. ____.

4. ____.

5. ____.

6. ____.

7. ____.

8. ____.

9. ____.

10. ____.

11. ____.

12. ____.

13. ____.

14. ____.

15. ____.

Lección 19

Todos los parientes

TEMA 19 Relaciones familiares hasta la cuarta generación

1) Saludo a mis compañeros al llegar a la clase

¿Hola, qué tal? / ¿Qué cuentas de nuevo?
¿Cómo te va? / ¿Cómo estás?

- Nada nuevo, estoy bien, gracias. / Hoy tengo que hacer un trabajo en equipo

2) La palabra del día

* Respuestas, en el vocabulario y en el diálogo siguientes

¿Qué palabra sirve para señalar a dos o más personas que tienen el mismo nombre?

____________: Respecto de una persona, otra que tiene su mismo nombre.

¿Cómo se dice de dos palabras que son iguales, pero que tienen distinto significado?

____________: Dicho de dos o más personas o cosas: Que llevan un mismo nombre. Dicho de una palabra que, siendo igual que otra en la forma, tiene distinta significación.

Vocabulario

homónimo, ma. (Del lat. *homonўmus*, y este del gr. ὁμώνυμος).

1. adj. Dicho de dos o más personas o cosas: Que llevan un mismo nombre. Se usa también como sustantivo.
2. adj. *Ling*. Dicho de una palabra: Que, siendo igual que otra en la forma, tiene distinta significación; p. ej., Tarifa, ciudad, y tarifa de precios.
3. m. y f. tocayo.

tocayo, tocaya.

1. m. y f. Respecto de una persona, otra que tiene su mismo nombre.

DIÁLOGO

* *Lectura dramatizada entre tres compañeros, frente al grupo*

Raúl: Tengo que ir a la oficina de Correos para poner esta *carta* con mis documentos.

María[1]: Te acompaño, y en el camino podríamos comer, ¿te parece bien?

Raúl: ¡Perfecto! Ah, mira, ahí viene tu tocaya, ¿qué tal María?

María[2]: Hola, Raúl. ¿Qué tal, tocaya? ¿Adónde van?

María[1]: Vamos a poner esta *carta* y a comer, ¿vamos?

María[2]: No, gracias. Voy a llegar tarde a la conferencia sobre *lengua* maya. ¡Adiós!

Raúl: Ahí está el restaurante, ¿qué se te antoja para comer?

María[1]: Algo suave y no picante. Me lastimé la *lengua* anoche. ¿Y tú?

Raúl: Prefiero ver la *carta*. Siempre cambian el menú, por eso me agrada este lugar.

Con base en el diálogo...

* *Respuestas, en el anexo p. 210*

1. ¿Cómo se llaman las tocayas? ____________

* *Tocayo y tocaya se usan solamente para personas y no para cosas*

¿Qué palabras homónimas aparecen en el diálogo?

2.1. ____________: que significa ______________________________.

2.2. ____________: que significa ______________________________.

3.1. ____________: que significa ______________________________.

3.2. ____________: que significa ______________________________.

3) La frase de hoy

FRASE HECHA	SIGNIFICADO
17. Puedes contar conmigo.	Confiar que alguien nos ayudará para lograr lo que se desea o para cualquier otra cosa. 내 도움이 필요하면 항상 나를 기억해다오.

LECTURA

∗ *Se puede escuchar en voz del propio Benedetti*

Mario Benedetti, famoso poeta y novelista, nació en Uruguay en 1920 y murió el 17 de mayo de 2009

Hagamos un trato

Cuando sientas tu herida sangrar
cuando sientas tu voz sollozar
cuenta conmigo
(de una canción de Carlos Puebla)

Compañera,
usted sabe
que puede contar
conmigo,
no hasta dos
o hasta diez,
sino contar
conmigo.

Si alguna vez
advierte
que la miro a los ojos
y una veta de amor
reconoce en los míos,
no alerte sus fusiles
ni piense qué delirio,
a pesar de la veta
o tal vez porque existe,
usted puede contar
conmigo.

Si otras veces
me encuentra
huraño sin motivo,
no piense qué flojera
igual puede contar
conmigo.

Pero hagamos un trato,
yo quisiera contar
con usted,
es tan lindo
saber que usted existe
uno se siente vivo,
y cuando digo esto
quiero decir contar
aunque sea hasta dos
aunque sea hasta cinco
no ya para que acuda
presurosa en mi auxilio,
sino para saber
a ciencia cierta
que usted sabe que puede
contar conmigo.

* *Ejercicio. Pregunta a tu compañero y piensen un diálogo breve*

¿Cómo se puede aplicar esta frase?

A: No entiendo bien la clase, ¿me podrías ayudar a estudiar?

B: ¡Claro!, puedes contar conmigo.

A: ____.

B: ____.

4) Todos los parientes

pariente.

- Cada uno de los ascendientes, descendientes y colaterales de su misma familia.
- Los parientes pueden ser por consanguinidad (lazos de sangre) o afinidad (por matrimonio).

Cuatro generaciones mayores que yo

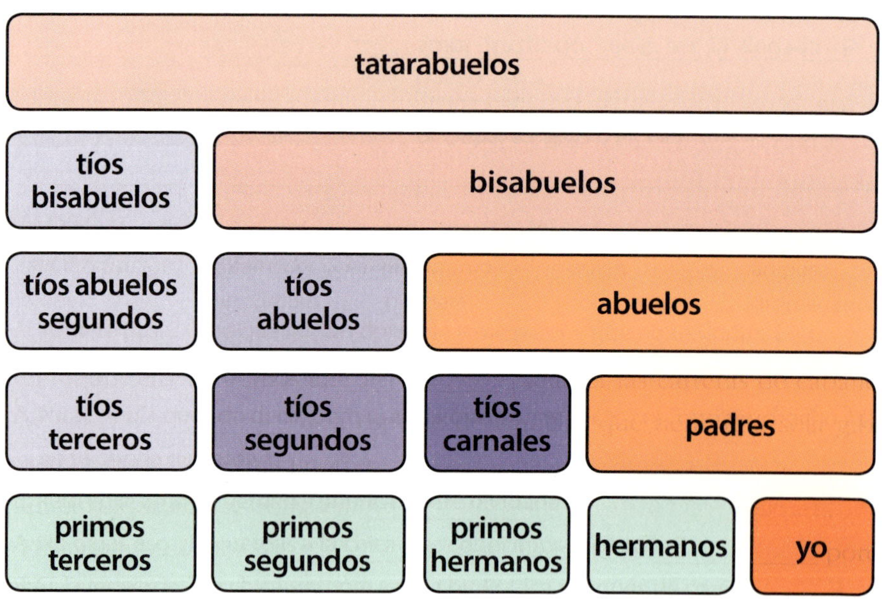

** Ejercicio. Pregunta a tus compañeros*

1. ¿Conociste a tus cuatro abuelos?

[1] Sí, tuve la fortuna de conocerlos a todos.
[2] No, cuando nací ya había fallecido mi abuelo paterno.

a) ____________ sí conoció a sus cuatro abuelos.
b) ____________ solo conoció a tres de sus abuelos.
c) ____________ solo conoció a dos de sus abuelos.
d) ____________ solo conoció a uno de sus abuelos.
e) ____________ no conoció a ninguno de sus abuelos.

2. ¿Quién es la persona de más edad en tu familia, actualmente? ¿Cuántos años tiene?

- El mayor / La mayor en mi familia es mi abuela materna de 93 años.

a) ______ mayor en la familia de____________ es su ____________ de ______ años.
b) ______ mayor en la familia de____________ es su ____________ de ______ años.

3. ¿Sabes algo de tus bisabuelos? ¿Conociste a alguno?

[1] Sí, conocí a una bisabuela. Era de ______________________________.
[2] No conocí a ningún bisabuelo, pero sé que mi bisabuela era ____________.

a) ____________ sí conoció a ____________ de sus bisabuelos.
b) ____________ sí conoció a ____________ de sus bisabuelos.

4. ¿Qué es lo que recuerdas de tus abuelos?

- Recuerdo que mi abuelo/a ________________________________.

5. ¿Tienes muchos primos? ¿Dónde viven? ¿Se visitan?

- Tengo una familia grande. Somos 56 primos, pero no nos visitamos...

a) ____________ tiene ____________ primos y sí / no se visitan.

b) ____________ tiene ____________ primos y sí / no se visitan.

5) La familia extensa

* Leer todos juntos, en voz alta

LOS PARIENTES – familia extensa	
tatarabuelos - tataranietos	primos hermanos (carnales): sus padres son hermanos
bisabuelos - bisnietos	primos segundos: sus padres son primos hermanos
abuelos - nietos	primos políticos: esposo/a de algún primo/a
suegros - yerno / nuera	tíos políticos: esposo/a de algún hermano/a de los padres
hermano/a mayor	tíos abuelos: hermanos de los abuelos(y esposos/as)
hermano/a mediano/a	cuñados: esposo/a de tus hermanos
hermano/a menor	concuños: relación entre cuñados
hijo/a único/a	consuegros: relación entre suegros

Los parientes

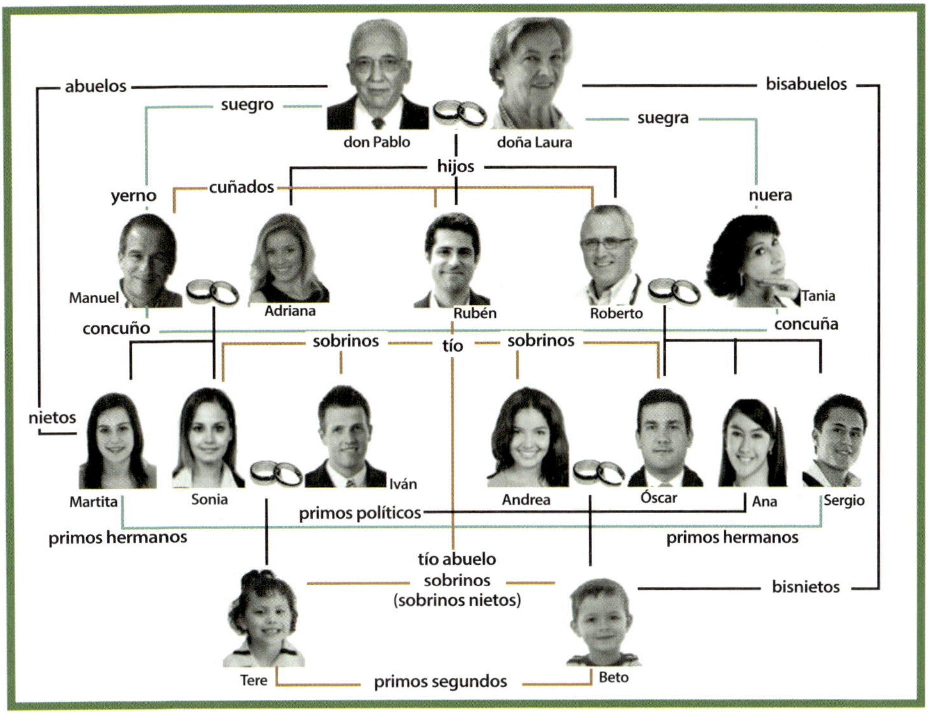

* *Dinámica de grupo "La campana dorada" (Golden Bell). Responder mirando el cuadro*

* *Respuestas, en el anexo p. 210*

INSTRUCCIONES

a) Se forman equipos de 3 o 4 compañeros.

b) Se entregan hojas blancas y un marcador a cada equipo, para que escriban las respuestas.

c) En cada pregunta, deberá escribir un compañero diferente, cambiando de turno. Todos ayudan, pero solamente el que escribe levanta la hoja con la respuesta.

d) Los alumnos solo podrán ver el cuadro de los parientes en su libro.

e) El profesor pregunta sobre alguna relación de parentesco, por ejemplo: *"¿Cómo se llama la suegra de Raúl?"*

f) El equipo escribirá el nombre correcto para levantarlo rápidamente. El equipo que levante primero ganará 2 puntos y los equipos que levanten después, 1 punto. El equipo que tenga más puntos, ¡ganará!

1. ¿Quiénes son los bisabuelos? ______________________.

2. ¿Quiénes son las primas hermanas de Ana? ______________________.

3. ¿Quiénes son primos segundos? ______________________.

4. ¿Quiénes son los cuñados de Rubén? ______________________.

5. ¿Quiénes son los bisnietos? ______________________.

6. ¿Quién es la tía política de Sonia? ______________________.

7. ¿Quiénes son los tíos abuelos de Beto? ______________________.

8. ¿Quién es el tío político de Sergio? ______________________.

9. ¿Quién es el yerno de Manuel y Adriana? ______________________.

10. ¿Cuántos tíos (y tías) tiene Tere? ______________________.

11. ¿Quiénes son concuños? ______________________.

12. ¿Quién es la nuera de Roberto? ______________________.

13. ¿Cuántos sobrinos tiene Rubén? ______________________.

14. ¿Qué son Iván y Óscar? ______________________.

15. ¿Cómo se llama la suegra de Tania? ______________________.

Lección 20

Compadres y amigos

TEMA 20 Tema cultural: el compadrazgo. Los límites del "leísmo"

1) Saludo a mis compañeros al llegar a la clase

¿Hola, qué tal? / ¿Qué cuentas de nuevo?
¿Cómo te va? / ¿Cómo estás?

- Nada nuevo, estoy bien, gracias. / Hoy no tengo tanto trabajo

2) La palabra del día

* Respuestas, en la LECTURA siguiente

¿Cómo se dice reloj de agua en una palabra?

__________: Artificio para medir el tiempo por medio del agua que va cayendo de un vaso a otro.

LECTURA

* Leer todos juntos, en voz alta

- Hay palabras bellas no tanto por su estructura estética como por su contenido semántico, que de algún modo se relacionan afectivamente con la persona que las usa.
- Hay reloj de sol, reloj de arena y reloj de agua que también se llama clepsidra.
- Es una de las palabras más hermosas del idioma, las cuales producen un efecto estético agradable, incluso sin conocer su significado. Por ejemplo: colibrí, ruiseñor, crisálida,

efímero, alabastro y clepsidra, entre otras.

- Una invención de Mesopotamia, la clepsidra es el reloj de agua que mide el tiempo sobre la base de lo que tarda una cantidad de agua en pasar de un recipiente a otro, de iguales dimensiones, que está debajo.

3) La frase de hoy

FRASE HECHA	SIGNIFICADO
18. Brillar por su ausencia.	No estar presente algo o alguien en el lugar u ocasión donde todos lo esperaban. 모두가 기다리고 있으나 도착하지 않는다.

DIÁLOGO

* *Lectura dramatizada entre varios compañeros, frente al grupo*

PROFESOR: Buenos días. Vamos a pasar lista de asistencia. ¿Luis González?

Luis: Presente.

PROFESOR: ¿Isabel García?

Isabel: Presente, profesor.

PROFESOR: ¿Gerardo Padilla?

Gerardo: Aquí, presente.

PROFESOR: ¿Fernando Castilla?... ¿Fernando Castilla?... ¿No está Fernando? Como siempre, Fernando brilla por su ausencia, seguramente faltará a clase otra vez.

* *Ejercicio. Completa con la frase de arriba*

1. (No hay música en la fiesta)
   - En estas fiestas, ya sabes, la música brilla ______________________.
2. (De un amigo impuntual)
   - Como siempre, mi amigo ______________________.
3. (De algunos niños sin educación)
   - En estos niños, la educación ______________________.

4) Los compadres: "Apadrinar"

compadre.

1. Padrino de bautizo de una criatura, respecto del padre o la madre del bebé.
2. Amigo o conocido de confianza.

comadre.

1. Madrina de bautizo de una criatura respecto del padre o la madre del bebé.
2. Vecina y amiga de otra mujer con la que se tiene más trato y confianza que con las demás.

ahijado/a.

1. Relación de una persona respecto de sus padrinos.

Vocabulario

padrino / madrina de bautismo
padrino de generación (al graduarse)
madrina de generación
padrino / madrina para educar a un niño
hada madrina
padrino y madrina de bodas
padrino del equipo de futbol
madrina del equipo de futbol
padrino y madrina de 15 años

verbo: **APADRINAR**

LECTURA

* Leer todos juntos, en voz alta

- Los padrinos establecen un vínculo afectivo con sus ahijados en el momento de apadrinar.
- En algunas culturas, adquieren el compromiso de colaborar con los padres en la educación y orientación moral de los ahijados.
- Cuando los padres llegan a faltar y el ahijado es menor de edad, los padrinos asumen la responsabilidad de los padres, ya sea en la crianza o en la educación del niño.
- Por ello, el nombre que se da a la relación entre padres y padrinos es compadres (con-padres).
- Para padrinos y madrinas de equipos deportivos, generalmente infantiles, se invita a personas que tienen capacidad económica como para comprar los uniformes y equipamiento necesario para que practiquen ese deporte.
- También, es costumbre en algunos países que los graduados de una generación inviten como padrino o madrina a algún empresario o personalidad influyente para que los apoye en su búsqueda de trabajo.
- En los cuentos tradicionales, las dos hadas madrinas más famosas son la de Cenicienta y la de Pinocho. Ambas, protegen a sus ahijados y los ayudan a conseguir su felicidad.
- Actualmente, algunas ONG le llaman padrino y madrina a aquellas personas que efectúan un apadrinamiento.
- Los padrinos cooperan para mejorar las condiciones de vida de un niño en una población necesitada, las de su familia y su entorno mediante proyectos de desarrollo que benefician a toda una comunidad.
- Por ejemplo, la organización Visión Mundial (*World Vision*) fue creada en EE.UU., en el año 1950, con el fin de asistir a los niños huérfanos de la guerra de Corea.
- En su página se lee: "Apadrina un niño con *World Vision*".

* *Ejercicio. Pregunta a tus compañeros*

1. ¿Tienes algún padrino o alguna madrina?

[1] Sí, tengo mi padrino (mi madrina) de bautismo.

[2] No, no tengo ningún padrino ni ninguna madrina.

a) ___________ dijo que ______________________________________.

b) ___________ dijo que ______________________________________.

2. ¿Eres padrino o madrina de alguien?

[1] Sí, tengo un ahijado en World Vision.

[2] No, no tengo ningún ahijado ni ninguna ahijada.

a) ___________ dijo que ______________________________________.

b) ___________ dijo que ______________________________________.

3. ¿Te gustaría llamar "compadre" a tu mejor amigo?

- Sí me gustaría llamarlo (llamarle) compadre.

a) ___________ dijo que ___________ le gustaría llamarlo compadre.

b) ___________ dijo que ___________ le gustaría llamarlo compadre.

4. ¿Te gustaría llamar "comadre" a tu mejor amiga?

- Sí me gustaría llamarla comadre.

a) ___________ dijo que ___________ le gustaría llamarla comadre.

b) ___________ dijo que ___________ le gustaría llamarla comadre.

5) Los límites del "leísmo"

* Leer todos juntos, en voz alta

- En diversos medios, es común encontrarnos frases como las siguientes
  1. En una revista: *"'Yo me enamoré de ella cuando le vi en la tele', declaró Ricardo."*
  2. En un poema: *"Me acerqué al ciego, le saludé y empezamos a hablar."*
  3. En un periódico: *"Carmela se fue primero y el hombre le esperó al pie del autobús."*
  4. En una canción: *"Cuando les vi abrazados, no me pude contener."*
- De los cuatro ejemplos, solo uno es correcto: el segundo, referido a una persona, en masculino y en singular.
- El llamado "leísmo" consiste "en el uso impropio de *le*(*s*) en función de complemento directo, en lugar de lo (para el masculino singular o neutro), *los* (para el masculino plural) y *la*(*s*) (para el femenino), que son las formas a las que corresponde etimológicamente ejercer esa función" (*Diccionario panhispánico de dudas*, RAE, 2005).
- Esta regla no es nueva. Desde 1973, la gramática ya lo señalaba, como se puede apreciar en la nota 1 de este cuadro tomado de la *Ortografía de la lengua española de* la Real Academia:

<table>
<tr><th colspan="3"></th><th>singular</th><th>plural</th></tr>
<tr><td rowspan="4">3.ª pers.</td><td rowspan="3">compl. directo</td><td>masc.</td><td>lo
(también le, cuando el referente es un hombre)[1]</td><td>los</td></tr>
<tr><td>fem.</td><td>la</td><td>las</td></tr>
<tr><td>neutro</td><td>lo</td><td>---</td></tr>
<tr><td colspan="2">compl. indirecto</td><td>le
(o se ante otro pron. átono)</td><td>les
(o se ante otro pron. átono)</td></tr>
</table>

[1] *En el Esbozo de una nueva gramática de la lengua española* (RAE, 1973) se condena el leísmo referido a cosa, pero se permite el referido a persona masculina singular; el leísmo plural siempre ha sido censurado por la Academia, ya que su baja incidencia desde los textos castellanos más antiguos atestigua que tampoco lo ha sancionado nunca mayoritariamente el uso de los hablantes cultos (*Ortografía de la lengua española*, RAE, 2010).

* *Ejercicios. Junto con tu compañero, escoger la letra que corresponda correctamente*

* *Respuestas, en el anexo p. 210*

1. (   ) ¿Te gustaría llamarle...?
   a) comadre   b) compadre

2. (   ) ¿Quisieras verle de nuevo?
   a) a tu tío   b) a tu tía

3. (   ) Ana no ha llegado, hay que...
   a) esperarle   b) esperarla

4. (   ) Fueron gemelos, vamos a...
   a) verlos   b) verles

5. (   ) Ese libro ____leí en una noche.
   a) le   b) lo

6. (   ) Señora, mucho gusto de...
   a) conocerle   b) conocerla

Lección 21

Dos caras de la realidad

TEMA 21 Vocabulario: antónimos con prefijos (a, des, dis, i, im, in)

1) Saludo a mis compañeros al llegar a la clase

¿Hola, qué tal? / ¿Qué cuentas de nuevo?
¿Cómo te va? / ¿Cómo estás?

- Hoy [no] me siento bien, estoy..., tengo...

2) La palabra del día

* Respuestas, en el vocabulario siguiente

¿Cómo se les llama a las palabras que significan lo mismo en su sentido, aunque sean diferentes en su escritura?

____________: Dicho de un vocablo o de una expresión que tiene una misma o muy parecida significación que otro.
Por ejemplo: El ____________ de 'computadora' es 'ordenador'.

¿Cómo se les llama a las palabras que significan lo contrario en su sentido?

____________: Se dice de las palabras que expresan ideas opuestas o contrarias.
Por ejemplo: El ____________ de 'abierto' es 'cerrado'

Vocabulario

antónimos, antónimas. (*De anti- y -ónimo*).
1. adj. *Ling.* Se dice de las palabras que expresan ideas opuestas o contrarias; **por ejemplo**: *virtud y vicio; claro y oscuro; antes y después.*

sinónimos, sinónimas. (*Del lat. synonȳmus*, y este del gr. συνώνυμος).
1. adj. Dicho de los vocablos o de expresiones que tienen una misma o muy parecida significación entre sí.

3) La frase de hoy

FRASE HECHA	SIGNIFICADO
19. Al mejor cazador se le va viva la liebre.	Aun la persona más hábil en un tema puede equivocarse. Significa también "error elemental del experto". 원숭이도 나무에서 떨어질 날 있다.

NOTICIA

- Todos los medios comentaron el error del presidente de Uruguay, José Mujica, cuando calificó de "terca" y "vieja" a la presidenta de Argentina, Cristina Fernández, creyendo que su micrófono estaba apagado y que nadie lo grababa en ese momento.
- El Presidente de Uruguay no se <u>percató</u> (no se dio cuenta) de que lo escuchaban mientras hablaba con su Ministro de Economía: *"Esta vieja es peor que el tuerto"*, le dijo, en referencia a Cristina y Néstor Kirchner.
- Figuras públicas, como los presidentes de los países, deben cuidarse mucho de hacer declaraciones en contra de otros mandatarios, especialmente cuando van cargadas de palabras fuertes que serían interpretadas como insultos.
- No cabe duda que al mejor cazador se le va viva la liebre...

* *Ejercicio. Pregunta a tus compañeros*

¿Conoces algún caso donde se pueda aplicar este refrán?

- Mi compañero/a ____________ dijo que este refrán se podía usar, por ejemplo, cuando ______________________________________.

4) Blanco y negro: dos caras de la realidad

* Leer todos juntos, en voz alta

- Desde el antiguo teatro griego nos llegan dos máscaras conocidas por todos representando la tragedia y la comedia que, según Platón, simbolizan las dos caras de la realidad humana.
- Se habla también de las "dos caras de la moneda". Todo tiene dos caras, una positiva y agradable, y otra no tanto. Pero la moneda es la misma. Lo anterior se refiere al punto de vista desde donde se ven las cosas.

- Mientras que en Occidente se ven dos caras opuestas, como tragedia y comedia, blanco y negro, en Oriente se unen y de su unión resulta el equilibrio entre fuerzas opuestas y complementarias que constituyen la dualidad de todo lo existente.
- El yin y el *yang* no existen el uno sin el otro, no hay día sin noche.
- Algo puede estar caliente o frío, pero lo caliente puede estar ardiente o solamente templado, y lo frío puede estar fresco o helado.
- El yin y el *yang* forman un equilibrio, cuando uno aumenta, el otro disminuye, el exceso de vapor en las nubes (yin) provoca la lluvia (*yang*).
- La noche puede convertirse en día, aunque coexistan en lados opuestos de la tierra.

Nada es totalmente yin o *yang* ni blanco o negro, también existe el color gris.

* *Ejercicio. Pregunta a tus compañeros su opinión sobre esta imagen*

¿Cómo ves este vaso de agua?

[1] Yo lo veo medio lleno. // [2] Yo lo veo medio vacío

- Yo lo veo ________________________________.

a) ___________ lo ve ____.
b) ___________ lo ve ____.
c) ___________ lo ve ____.

Completa el cuadro siguiente junto con tus compañeros

PALABRA	SINÓNIMO	ANTÓNIMO
hermoso		
grande		
alegría		

• La diferencia entre ver blanco o negro en la realidad depende del optimismo de cada persona.

5) Antónimos. Dinámica de grupo

INSTRUCCIONES

a) En español, la mayoría de las palabras forma su antónimo anteponiendo alguno de estos prefijos: *a—, des—, dis—, i—, ir—, im—, in—.*

b) En equipos, buscar en la hoja de respuestas que está en el anexo (p. 223) el prefijo que corresponda a cada palabra.

c) Aquí están las palabras por orden alfabético y en aquella también, pero ya con el prefijo que las transforma en sus antónimos.

d) El que complete esta lista en el menor tiempo, ¡ganará!

_______ abastecer	_______ legal
_______ acato (acatar)	_______ legible
_______ accesible	_______ legítimo
_______ aceptable	_______ limitado
_______ acierto	_______ móvil
_______ aconsejar	_______ mutable
_______ acostumbrado	_______ normal
_______ alentado (alentar)	_______ obediente
_______ arraigo	_______ perceptible
_______ audible	_______ preocupado
_______ borrable	_______ púdico
_______ centrar	_______ racional
_______ cierto	_______ realizable
_______ coherente	_______ reductible
_______ concluso	_______ resoluble
_______ conforme	_______ salubre
_______ congruente	_______ sexuado
_______ continuo	_______ simetría
_______ corrupto	_______ soluble
_______ cortés	_______ típico
_______ discreto	_______ verosímil
_______ eludible (eludir)	_______ vidente
_______ enfocar	_______ vulnerable
_______ falible	

6) Ejercicio. Completar los enunciados con las palabras antónimas de arriba

* Respuestas, en el anexo p. 211

1. No te preocupes, guardaré el secreto. No soy...

   * in ____________

2. El televisor no funciona. La imagen se paralizó, se quedó...

   * in____________

3. Hay una gran oferta en todas las tiendas Lotte, ¿lo sabías?, durará mucho porque es por tiempo...

   * i____________

4. No debes bajar las películas de Internet sin pagar. A eso se le llama "piratería" y es...

   * i____________

5. ¿Qué te pasa? ¿Tienes algún problema o estás enfermo? Te veo sin ánimos. ¿Por qué estás tan...?

   * des____________

6. El museo de ciencia que está al lado del parque nunca lo terminaron, quedó...

   * in____________

7. Lo siento. No puedo ir contigo. Tengo un compromiso

   * in____________ que no puedo cancelar ni cambiar.

8. Pasé dos años en el servicio militar y perdí la costumbre de hablar español; pronto hablaré bien de nuevo, pero por ahora estoy...

   * des____________

9. Le cayó agua a mi cuaderno y todo lo que escribí para el examen no lo puedo entender, quedó...

   * i____________

10. Este lugar no tiene ventilación y está muy cerca de la basura, es muy...

    * in____________

Lección 22

La ecología, tarea urgente

TEMA 22 Expresión oral: la ecología. Condicional simple

1) Saludo a mis compañeros al llegar a la clase

¿Hola, qué tal? / ¿Qué cuentas de nuevo?
¿Cómo te va? / ¿Cómo estás?

- Hoy me siento bien, estoy..., tengo..., voy a ir a...

2) La palabra del día

* Respuestas, en la LECTURA siguiente

¿Cómo se le llama a la falta anormal de ganas de comer, que puede llegar a ser muy grave?

____________: Pérdida anormal del apetito. | Síndrome de rechazo de la alimentación por un estado mental de miedo a engordar, que puede tener graves consecuencias patológicas.

¿Y cómo se le llama a las ganas insaciables de comer?

____________: Ganas insaciables de comer. | Síndrome de deseo compulsivo de comer, con provocación de vómitos y consecuencias patológicas.

LECTURA

- A la falta anormal de ganas de comer que se presenta por lo general en mujeres adolescentes y que puede llegar a ser muy grave se le llama *anorexia*.
- Los cuerpos delgadísimos como estereotipo de belleza se iniciaron en Europa y Estados Unidos con los grandes diseñadores desde hace varias décadas.
- Como consecuencia, llegó una ola de modelos y estrellas de cine y televisión con cuerpos que no reflejaban la realidad de la mujer promedio.
- El problema llegó con la noticia de que dos modelos brasileñas de 18 años habían muerto por anorexia ante el miedo a engordar. Su alimentación consistía únicamente en una manzana al día.
- Sin embargo, está bien comer ¡pero no tanto! La conducta contraria que manifiesta unas ganas insaciables de comer se llama *bulimia*.
- La palabra *bulimia* viene del griego y significa "muy hambriento". Los romanos se autoinducían el vómito luego de espléndidos banquetes para poder seguir comiendo.
- Pero modernamente, la bulimia se considera un síndrome, según lo registra el *Diccionario de la lengua española*: "Síndrome de deseo compulsivo de comer, con provocación de vómitos y consecuencias patológicas.".

3) La frase de hoy

FRASE HECHA	SIGNIFICADO
20. Media naranja.	Persona que se adapta tan perfectamente al gusto y carácter de otra, que esta la mira como la mitad de sí misma. 부인, 남편, 여자친구, 남자친구.

DIÁLOGO

* *Lectura dramatizada entre dos compañeros, frente al grupo*

A: ¿Qué haces que llevas ya cinco horas metida/o en la computadora?

B: Ya casi, ya casi... Estoy buscando una media naranja.

A: Me hubieras dicho. Acabo de regresar del mercado y las naranjas están de oferta. Te podría haber traído unas cuantas.

B: No, me refiero a una media naranja que me sirva de novia/o.

A: Creo que estás un poco equivocado/a. No se trata de buscar "una" media naranja que "te sirva de novio/a".

B: ¿Ah, no? ¿Entonces?

A: Se trata de "tu" media naranja, esa persona que sientas que es tu otra mitad porque se aman y te comprende. Yo pienso que en esto la computadora no puede ayudar tanto como el trato personal.

B: ¡Mira! Encontré esto sobre la media naranja:

"Viene de un mito griego relacionado con la aparición de los dos sexos. Según Platón, al principio el ser humano era solo uno, asexuado. Pero un día, desobedeció a los dioses y estos lo castigaron separándolo en dos mitades, como a una naranja: hombre y mujer, y los condenó a caminar eternamente buscando su otra mitad para recuperar su felicidad.

Desde ese momento, cada uno anda por el mundo, buscando la media naranja que le hace falta."

* *Ejercicio. Pregunta a tus compañeros*

¿Cómo sería la mejor forma de encontrar a tu media naranja?

- Yo pienso que ______________________________________.

a) ____________ dijo que la mejor forma era ____________________________.

b) ____________ dijo que la mejor forma era ____________________________.

c) ____________ dijo que la mejor forma era ____________________________.

una cita a ciegas	presentándose entre amigos	por Internet
esperar al destino	por acuerdo de los padres	buscando en anuarios

4) Ecología, una tarea urgente

* Leer todos juntos, en voz alta

Defensa de la ecología en Los Andes

- Con el lema "El agua vale más que el oro", los habitantes del Valle del Huasco ubicado en la región de los Andes, han lanzado una campaña de protesta para defender su territorio contra las empresas transnacionales mineras (광업의).
- Los niños de la comunidad escriben: "Somos gente pequeña. Antes que ciudadanía o sociedad civil o ecologistas o todo eso que según muchos también somos, nosotros somos pequeños que queremos parecernos más a nuestros abuelos que a los personajes de la tele."
- "Somos gente simple que sabe leer la naturaleza, que sabe de rasguñar (손톱으로 긁다) la tierra para sacar sus productos, pero que no está dispuesta a vender a su madre [su tierra] para tener más dinero."
- PASCUA LAMA es el nombre de un proyecto minero que comprende la explotación de oro, plata y cobre. El yacimiento (광맥) se ubica en la Cordillera de Los Andes, tanto del lado chileno como del argentino.

- La zona que corresponde a Chile implica una grave alteración al Valle del Huasco, ya que tres glaciares (빙하, 얼음덩어리) ubicados en esa área se verían afectados.
- Una compañía canadiense intervendrá estos glaciares para extraer, en veinte años, diez mil millones de dólares en minerales.
- Para ello, planea mover en Chile 24 hectáreas de glaciares dentro del proyecto binacional Pascua Lama.
- Los glaciares Toro I, Toro II y Esperanza alimentan de agua al valle del Huasco ubicado en la zona desértica de Atacama.
- En Internet podemos encontrar los testimonios de los afectados por el proyecto Pascua Lama
- En videos recopilados (수집된) en el Valle del Huasco, los habitantes relatan sus temores ante la amenaza del proyecto de la minera transnacional.

LECTURA

∗ Por equipos, al frente del grupo

NO a Pascua Lama – testimonios

Testimonio 1.

"[...] Ahora, el problema es que va a afectar todo el valle, porque en este momento este es uno de los pocos valles vírgenes (인적이 닿지 않은) de Chile, y es muy lindo, y tiene un gran potencial turístico. Y el problema es que el turismo con la minería tan pesada no se combinan muy bien, y el miedo de todos nosotros que queremos mantener una economía más sustentable (안정된, 자급자족의), digamos, es que este valle dentro de diez años se va a ver perdido totalmente por razones ecológicas y por cambios de costumbres y de cultura también."

Testimonio 2.

"[...] sí, me afecta bastante en cuanto al turismo, porque yo trabajo con el turismo por el helado (아이스크림) yo trabajo con el turismo, entonces... Realmente, la gente que viene de afuera sabe, tiene más información que la de nosotros mismos. Y entonces, realmente la gente no llega a comprar helados, entonces a mí..., la venta de helados para mí, mantiene a mi familia, le doy educación a mi hijo, comemos, nos vestimos... Entonces, para mí, me afecta bastante."

Testimonio 3.

[...] Ah, demasiado, porque en primer lugar contaminan las aguas y contaminando las aguas es un daño para todos, incluso para los árboles y todo, todo se daña... Y ellos se llevan el oro y nosotros nos quedamos con la contaminación. Entonces, yo lo único que les diría es que se fueran."

∗ *Ejercicio. Habla con tus compañeros*

1. ¿Estarían en favor o en contra de Pascua Lama?

____.

2. ¿Piensan que se debe explotar la riqueza de los yacimientos de oro y otros metales y piedras preciosas?

____.

3. ¿Qué piensan del lema: “El agua vale más que el oro”?

____.

4. ¿Qué solución propondrían si vivieran en el Valle del Huasco?

Si viviéramos ahí, ____.

Si pudiéramos, ____.

Si fuéramos dueños de la compañía, ______________________________.

5) ¿Es fácil o difícil poner condiciones?

ORACIÓN CONDICIONAL SIMPLE

- Las oraciones condicionales simples expresan un hecho futuro desde una perspectiva pasada.
- Por ejemplo: *Dijeron que vendrían. Deberías haberme llamado.*
- En estas frases, se habla de algo que puede ocurrir, pero es difícil que suceda: *Si le llamaras, no te contestaría.*

- El tiempo condicional simple o compuesto puede expresar, igual que el futuro, la probabilidad, pero referida al pasado.

* *Ejercicio. Sigue el ejemplo para completar correctamente*

EJEMPLO[1]: Si le llamaras, no te contestaría.

1. Si te ____________ temprano, ____________ a tiempo. (LEVANTAR / LLEGAR)
2. Si no ____________ tanto, no ____________ tan enfermo. (FUMAR / ESTAR)
3. Si lo ____________, Juan ____________ más rápido. (AYUDAR / TERMINAR)

ORACIÓN CONDICIONAL COMPUESTA

- Las oraciones condicionales compuestas se forman con el verbo auxiliar *haber*.
- Por ejemplo: *Habrían ganado, habría amado. No habríamos esperado tanto.*
- En estas frases, se esperaba que algo ocurriera, pero no sucedió: *Si hubieras comprado más pizzas, no habría faltado comida.*

EJEMPLO[2]: Si hubieras llegado temprano, me habrías encontrado.

4. *Carmen no puede ir a la fiesta de Karina*

KARINA: Hola, Carmen, ¿vas a ir a mi fiesta?

CARMEN: Si ____________ (SABER-sabido) antes, ____________ (IR-ido) con mucho gusto, pero tengo que ir al dentista.

5. *Isabel no quiere invitar a Lucía*

REBECA: ¿Qué te parece si invitamos a Lucía al cine?

ISABEL: Si me ____________ (DECIR-dicho) antes, la ____________ (INVITAR-invitado), pero ya es tarde.

6) Ejercicio. Completar la serie de frases encadenadas (연결), junto con tus compañeros

* Respuestas, en el anexo p. 211

1. Si me hubieras llamado antes,
   me habrías encontrado.

2. Si me hubieras encontrado,
   te ____________ al campamento. (INVITAR)

3. Si te hubiera invitado al campamento,
   tú ____________ con nosotros. (IR)

4. Si hubieras ido con nosotros,
   tú y yo ____________ toda la noche (HABLAR)

5. Si hubiéramos hablado toda la noche,

yo no ____________ a Andrés/Andrea (CONOCER)

6. Si no hubiera conocido a Andrés/Andrea,

yo no ____________ con él/ella (SALIR)

7. Si no hubiera salido con él/ella,

yo no ____________ a Italia (IR)

8. Si no hubiera ido a Italia,

yo ____________ en Corea (SEGUIR)

9. Si hubiera seguido en Corea,

tú y yo ____________ todos los días (SALIR)

10. Si hubiéramos salido todos los días,

tú y yo ____________ novios (SER-sido)

11. Si hubiéramos sido novios,

yo me __habría casado__ contigo.

* *Ejercicio. Escribir otra serie de frases encadenadas*

1. Si hubieras llegado temprano,

____.

2. ____

____.

3. ____

____.

Lección

23 El sueño dorado

TEMA 23 Modo imperativo. Condicional compuesto

1) Saludo a mis compañeros al llegar a la clase

¿Hola, qué tal? / ¿Qué cuentas de nuevo?
¿Cómo te va? / ¿Cómo estás?

- Hoy [no] me siento bien, estoy..., tengo...
- Nada nuevo, estoy bien, gracias. / Hoy tengo muchos reportes pendientes.

2) La palabra del día

* Respuestas, en la NOTA siguiente

Algo que se quiere y que se desea con mucha intensidad.

____________: Deseo vehemente.

A ___ ___ E ___ ___

Conjunto de las cosas que se extrañan y se desean.

____________: Conjunto de las cosas que se desean para conseguir la felicidad.

D ___ S ___ ___ E ___ ___ ___ ___

NOTA

* Leer todos juntos, en voz alta

- Las palabras deseo y *anhelo* son menos cercanas en su significado que desiderátum y anhelo.
- Desiderátum es una aspiración, igual que un *anhelo*, por algo que se quiere alcanzar con mucha intensidad.
- Pero la palabra desiderátum casi no se usa. Es más común en plural, que por llegar directamente del latín toma la terminación -ta.
- *Desiderata* es el conjunto de anhelos que busca un corazón sabio para alcanzar la paz y la felicidad de toda la humanidad.
- La *desiderata* más famosa es el poema en prosa de Max Ehrmann, un pastor cristiano que la escribió en 1927.

3) La frase de hoy

FRASE HECHA	SIGNIFICADO
21. Ni lo sueñes.	Expresión para indicar que algo está lejos de ser posible. También para rechazar alguna propuesta. 꿈도 꾸지마.

* *Ejercicio. Con tu compañero, escribir un diálogo sencillo para usar esta frase*

DIÁLOGO

* *Lectura dramatizada entre dos compañeros, frente al grupo*

A: ¡Hola, mi querido/a amigo/a!	A:
B: Hola, qué tal.	B:
A: ¿Te he dicho que eres mi mejor amigo/a?	A:
B: No, ¿pero por qué me lo dices ahora?	B:
A: ¿Podrías hacer mi tarea, por favor?	A:
B: **Ni lo sueñes.**	B:

4) Una desiderata

La canción número 4 es la Desiderata que escribió Max Ehrmann. Vamos a leerla y a escucharla con atención, revisando las palabras traducidas

1. ¿De qué habla el poema?
   ① de los pasatiempos ② de la educación
   ③ de la vida

2. ¿Quién parece hablar en el poema?
   ① un policía ② un amigo
   ③ un papá ④ una mamá

3. ¿A quién parece que se le habla en el poema?
   ① a un alumno ② a un amigo
   ③ a un empleado ④ a un hijo

4. El tono del que habla parece:
   ① que ordena ② que castiga
   ③ que pide perdón ④ que sugiere

5. La mayoría de los verbos está en:
   ① imperativo ② pretérito
   ③ futuro ④ presente

* *Respuestas, en el anexo p. 211*

5) Ejercicio. En equipo, escribir con verbos en modo imperativo una desiderata, pensando en que su mejor amigo/a se va a casar

¿Qué consejos le darían?

1. (amar) ____.

2. (trabajar) ____.

3. (llegar) ____.

4. (pensar) ____.

5. (hacer) ____.

6. (cuidar) ____.

7. (ser) ____.

8. (soñar) ____.

9. (tener) ____.

Imperativos irregulares

hacer - haz	ir - ve	decir - di	poner - pon	salir - sal
ser - sé	tener - ten	venir - ven	dar- da	soñar- sueña

* *Ejercicio. Escribir cuatro ideas para hacer una desiderata. Recuerda usar los verbos en imperativo. Al terminar, se pueden leer al frente del grupo*

1. ____.
2. ____.
3. ____.
4. ____.

Max Hermann (1872-1945)

6) Sueños y fantasías

fantasía: Grado superior de la imaginación que inventa o produce imágenes ideales.

sueño: Proyecto, deseo, esperanza sin probabilidad de realizarse.

sueño dorado: Anhelo, ilusión halagüeña (que atrae suavemente), desiderátum, que sería más posible de realizar que los sueños en general.

* *Ejercicio. Pregunta a tus compañeros*

1. ¿Qué fantasía te gustaría realizar?

- Si pudiera, me gustaría ______________________________.

a) A ____________ le gustaría ______________________________.
b) A ____________ le gustaría ______________________________.
c) La fantasía de ____________ es ______________________________.
d) La fantasía de ____________ es ______________________________.

2. ¿Qué locura has soñado que te gustaría intentar?

- Si pudiera, me gustaría ______________________________.

a) A ____________ le gustaría ______________________________.
b) A ____________ le gustaría ______________________________.
c) A ____________ le gustaría ______________________________.

3. ¿Cuál es tu sueño dorado?

- Si pudiera ______________________________.

Mi sueño dorado: ¡la paz del mundo!

a) El sueño dorado de ____________ es ________________________________.

b) El sueño dorado de ____________ es ________________________________.

c) ____________ sueña con ____.

d) ____________ sueña con ____

Lección

24

Cortometrajes y videos

TEMA 24 Audición: cortometrajes, reportajes y videos comerciales

1) Saludo a mis compañeros al llegar a la clase

¿Hola, qué tal? / ¿Qué cuentas de nuevo?
¿Cómo te va? / ¿Cómo estás?

- Hoy [no] me siento bien, estoy..., tengo...

2) La palabra del día

* Respuestas, en el vocabulario siguiente

¿Cómo se le llama a los estudios de enseñanza secundaria que siguen después de la primaria?

__________: Estudios de enseñanza secundaria que le siguen a los de la escuela primaria.

¿Cómo se le llama a los estudios de enseñanza media superior?

__________ o __________: Estudios de segunda enseñanza antes de empezar los estudios universitarios.

Vocabulario GRADOS ESCOLARES

primaria	universidad	licenciatura	
secundaria		maestría	posgrado
preparatoria / bachillerato		doctorado	

3) Cortometrajes y videos

- Desde la invención del cinematógrafo por los hermanos Lumiere en 1894, que perfeccionaron el quinetoscopio de Thomas Alva Edison, hasta las más modernas producciones fílmicas con efectos visuales digitales, el cine ha demostrado ser un espacio de expresión para todos los gustos y modalidades.
- Como género, comprende el cine independiente y el comercial, el cine documental con reportajes y el experimental, entre otros.

Cortometraje.

- Película de corta e imprecisa duración, así lo define el diccionario de la Academia.
- Por ser más breve que una película, puede concentrarse en temas y formas más experimentales utilizando menos recursos.
- El más famoso cortometraje es *Un perro andaluz*, de Luis Buñuel y Salvador Dalí, que dura 17 minutos.
- Hay cortometrajes de solamente 30 segundos, como el del español Francisco Cuenca, titulado *Una limosna, por favor*, producido en 2006. Puedes verlo en *YouTube* (http://www.youtube.com/).

Videoarte.

- Apareció en Europa y en Estados Unidos en los años sesenta derivado del cine experimental.
- No emplea actores ni diálogos, ya que su propuesta es destacar el valor del lenguaje audiovisual.

Video clip.

- Cortometraje, generalmente musical, de secuencias breves, usado frecuentemente en publicidad.

* *Ejercicio. Preparar en equipo algún tipo de video para presentarlo al grupo, a escoger entre:*

1. Un cortometraje experimental
2. Un cortometraje animado
3. Un video comercial
4. Un reportaje en video

FICHA TÉCNICA

Nombre del video:
Tipo:
Tema:
Duración:
Productores:
Contenido:

* *Si las condiciones del salón de clase no permiten ver videos, se puede representar como teatro ante el grupo*

Lección

25

Genios y figuras del mundo

TEMA 25 Tema cultural: nombres famosos en español

1) Saludo a mis compañeros al llegar a la clase

¿Hola, qué tal? / ¿Qué cuentas de nuevo?
¿Cómo te va? / ¿Cómo estás?

- Nada nuevo, estoy bien, gracias. / Hoy tengo muchas ganas de comer tacos.

2) La palabra del día

¿Cómo se llama este aparato para bucear?

_____________: sirve para practicar buceo libre.

- En inglés '*snorkel*'. Aún no se ha incluido en el diccionario de español una palabra que signifique lo mismo.
- Para definir este aparato se usa una frase: tubo de buceo o tubo respirador.
- Algunos la han castellanizado como "esnórquel", pero la palabra no está incorporada todavía en ninguno de los diccionarios de las Academias de la lengua española.
- Sin embargo, algunas palabras de otros idiomas se han castellanizado y entraron ya al diccionario, como por ejemplo: eslogan, esnob, yogur, kínder, eslalon, bumerán, esmog, suflé, etc.

3) La frase de hoy

FRASE HECHA	SIGNIFICADO
22. Ahogarse en un vaso de agua.	Preocuparse y afligirse por una causa liviana. Hacer un gran problema de algo pequeño. 사소한 일이 큰 문제로 발전하다. 쓸데없는 걱정을 하다.

DIÁLOGO

* *Lectura dramatizada entre dos compañeros, frente al grupo*

A: ¿Qué te pasa, por qué estás tan desesperado/a?

B: Tengo un problema y no sé cómo resolverlo. Lo peor es que ya no tengo tiempo...

A: Espera, espera, ¿cuál es el problema? Tal vez, yo pueda ayudarte.

B: Tú sabes que hoy por la tarde es la boda de mi hermana.

A: Sí, me dijiste la semana pasada que hoy se casaría tu hermana. ¿Le pasó algo a ella?

B: No, el problema es que no sé si debo...

A: ¡Habla, termina por favor! ¿Qué es lo que debes o no debes...?

B: No sé si debo usar zapatos cafés o negros porque ella quiere que todos vayan de etiqueta.

A: ¿Solo eso? ¿Ese es tu problema? En verdad, tú te ahogas en un vaso de agua.

* *Ejercicio. Pregunta a tus compañeros*

¿Conoces algún caso en el que se pueda aplicar este refrán?

- Sí, mi amigo/a se estaba ahogando en un vaso de agua, nada más porque

____.

Algunos detalles que pueden convertirse en problemas

1. ____________________ 2. ____________________

3. ____________________ 4. ____________________

4) Seudónimos y epítetos

apelativo o epíteto

- Sobrenombre que se le da a alguien para caracterizarlo.
- En textos antiguos como la *Ilíada* y la *Odisea*, el epíteto aparece representando la cualidad principal de los dioses y de los héroes. *Héctor, matador de hombres*. El *átrida* Agamenón. El *divino* Aquiles.

seudónimo

- Nombre supuesto que escoge una persona para ocultar su verdadera identidad.
- El término seudónimo -antiguamente pseudónimo- se formó a partir del griego *pseudés* 'mentiroso', 'falso', y de *onoma* 'nombre', este último término también se usa en palabras como onomástico, homónimo, antónimo y anónimo.

INSTRUCCIONES

a) Se puede organizar como un concurso por equipos, el que termine más rápido, ganará.

b) Para encontrar las respuestas, pueden preguntarse entre los compañeros, intercambiando información. Igualmente, el equipo que termine primero, ganará.

c) El profesor puede preparar los nombres de las respuestas con letras grandes para pegarlos alrededor del salón.

* *Respuestas, en el anexo p. 212*

> 1 ¿Sabes quién es...?
>
> 2 Si me dices el número 4, te digo uno de los que no tengas.

1. ¿Quién es El Manco de Lepanto?

____.

2. ¿Quién es J. Nepomuceno Carlos Pérez R. Vizcaíno?

____.

3. ¿Quién es Neftalí Ricardo Reyes Basoalto?

____.

4. ¿Quién es Edson Arantes do Nacimiento?

____.

5. ¿Quién es Félix Rubén García Sarmiento?

____.

6. ¿Quién es Lucila Godoy Alcayaga?

____.

7. ¿Quién es Gustavo Adolfo Claudio Domínguez Bastida?

____.

8. ¿Quién es Ramón José Simón del Valle y Peña?

____.

9. ¿Quién es Agnes Gonxha Bujhaxiu?

____.

10. ¿Quién es Jorge Mario Bergoglio?

____.

11. ¿Quién es Rodrigo Díaz de Vivar?

____.

12. ¿Quién es Ernesto Guevara de la Serna?

____.

13. ¿Quién es Doménikos Theotokópoulos?

____.

14. ¿Quién es H. Bustos Domeq?

____.

15. ¿Quién es Enrique Martín Morales?

____.

16. ¿Quién es Isabel Mebarak Ripoll?

____.

17. ¿Quién es El Diez?

____.

18. ¿Quién es Rafael Sebastián Guillén Vicente?

____.

19. ¿Quién es La décima Musa?

____.

20. ¿Quién es José Doroteo Arango Arámbula?

____.

Lección
26

Palabras nuevas y su origen

TEMA 26 Vocabulario de cultismos

1) Saludo a mis compañeros al llegar a la clase

¿Hola, qué tal? / ¿Qué cuentas de nuevo?
¿Cómo te va? / ¿Cómo estás?

- Hoy [no] me siento bien, estoy..., tengo...

2) La palabra del día

* Respuesta, en el vocabulario siguiente

¿Cómo se le llama a una verdad o certeza que todo el mundo sabe y que, por lo tanto, suena mal decirla?

_____________: Verdad o certeza que, por ser notoriamente sabida, es necedad o simpleza el decirla.

* *También se puede decir "verdad de Perogrullo".*

Ejemplos de perogrulladas:

✓ "Una cosa es una cosa y otra cosa es otra cosa."
✓ "A la escuela se va a aprender."
✓ "La temprana infancia."
✓ "La mejor manera de ser rico es ganar mucho dinero."
✓ "Morir fue su última experiencia."
✓ "El hombre libre vive sin ataduras."
✓ "Soy lo que soy."

Vocabulario

perogrullada.
- Verdad o certeza que, por ser notoriamente sabida, es necedad o simpleza el decirla.

tautología.
- Viene del griego y significa "decir lo mismo".
- En poesía, repetición de un mismo pensamiento expresado de distintas maneras.
- Es famosa la tautología final del drama *La vida es sueño* de Pedro Calderón de la Barca: "...y los sueños, sueños son."

3) La frase de hoy

FRASE HECHA	SIGNIFICADO
23. Hacerse pato.	Fingir ignorancia. Hacerse el desentendido. Fingirse dormido o fingir que hace algo. 모른 척하다.

DIÁLOGO

* *Lectura dramatizada entre dos compañeros, frente al grupo*

A: ¿Recuerdas que te presté 30 mil wones la semana pasada?

B: ¿30 mil wones, en verdad?

A: ¡No te hagas pato! Acuérdate y págame, por favor.

B: ¡Ah, sí!, ya recuerdo. Aquí están. Y tú también, no te hagas pato, te toca limpiar el cuarto, así que empieza ahora.

A: ¿A mí, otra vez?

B: ¿Cómo que otra vez? Yo lo limpié la última vez...

Ejercicio. Pregunta a tu compañero

¿Te has hecho pato alguna vez?

- Sí, una vez me hice pato y ______________________________.

a) ____________ se hizo pato y ______________________________.

b) ____________ se hizo pato y ______________________________.

c) ____________ se hizo pato y ______________________________.

4) Palabras nuevas. Dinámica de grupo

* Respuestas, en el anexo p. 212

INSTRUCCIONES

a) Para este juego, se usará la hoja con las definiciones que está en el anexo de material para recortar, p. 225.
b) Por lo tanto, los alumnos NO deben ver sus libros (ya que ahí están las respuestas), ni diccionarios de ningún tipo.
c) Se organizan equipos de 3 o 4 estudiantes, y el profesor escoge solo a uno de cada equipo para revisar su hoja.
d) El profesor prepara las palabras de respuestas en letreros grandes que se pegaran alrededor del salón de clase (*las palabras están al final, en el anexo de respuestas*)
e) El profesor va pidiendo por partes: de la pregunta 1 a la 5; de la 6 a la 10; de la 11 a la 15; etc. También se puede alternar el orden o pedir cierto número de aciertos
f) El equipo que complete primero cada parte, ¡ganará!

1. ____________: Falta de voluntad o disminución notable de energía. Con el prefijo a se indica la falta de voluntad.
2. ____________: Persona o cosa ridícula, extravagante o muy fea.
3. ____________: Frase célebre, como por ejemplo: "Pienso, luego existo" de Descartes.
4. ____________: Enfermedad que provoca la caída o pérdida del cabello.
5. ____________: También se le llama "pato".
6. ____________: Multitud de personas o cosas consideradas en grupo, pero sin armonía, o de poco valor e importancia. Se usa en sentido peyorativo (para ofender).
7. ____________: Jerga híbrida que hablan ciertos inmigrantes italianos, mezclando italiano con el español, especialmente en Buenos Aires.
8. ____________: Lisonja, adulación que se hace generalmente a las mujeres bonitas cuando van por la calle.
9. ____________: Laberinto. Cosa confusa y enredada.
10. ____________: Parte superior de puertas y ventanas.
11. ____________: Movimiento en la superficie del mar, con pequeñas olas que se levantan en los lugares en que hay corrientes.
12. ____________: De color rojo oscuro. Colorante de tono rojo oscuro.

13. ____________: Estola grande y preciosa que usa el Papa.
14. ____________: Conjunto de usos habituales en determinados actos oficiales y ceremonias. | | Conjunto de objetos que en ellos se emplean.
15. ____________: Afición a coleccionar vitolas, anillos de puros antiguos y modernos.
16. ____________: Reloj de agua. Artificio para medir el tiempo por medio del agua que va cayendo de un vaso a otro.
17. ____________: Libros impresos con tipos móviles desde la aparición de la imprenta y hasta el año 1500.
18. ____________: Cefalea, dolor de cabeza muy intenso.
19. ____________: Alga marina. Una parte parece raíz y otra parece un tallo.
20. ____________: Medida para pesar las piedras preciosas y el oro.

5) Ejercicio. Clasifica las palabras anteriores

1. palabras relacionadas con el agua

2. palabras relacionadas con el estado físico y anímico

3. palabras relacionadas con rituales

4. palabras relacionadas con las aficiones

5. palabras relacionadas con lenguaje y laberintos

6. palabras relacionadas con la casa

Canciones

1. Louis

Franco de Vita (Venezuela)

A un cuarto para las seis, ya listo para salir
lo espera abajo su taxi, el tráfico y la ciudad,
lleva sus años aquí,
tratándose [de] *redondear* una manera más fácil, { buscando una oportunidad }
lo que quiere es cantar.

Medio poeta el señor, ha escrito alguna canción
y desde el reproductor los Beatles son su pasión.
Y sueña con escenarios
mientras le cambia la luz del rojo al verde,
no hay mucho tiempo para soñar.

Louis, su nombre artístico es Louis, grita la gente al verlo.
Sobre su espalda, una esposa y un hijo que alimentar,
pero eso a Louis no le impide en lo que pueda soñar,
el pelo largo hasta el hombro, eso no se usa ya,
pero a Louis no le importa, lo que quiere es cantar.

➡ Louis, su nombre artístico es Louis,
grita la gente al verlo,
todo [un] romántico es Louis, luchando con el tráfico.

Y sueña con escenarios,
mientras le cambia la luz del rojo al verde
no hay mucho tiempo para soñar.

Un día Louis despertó con una preocupación
y al mirarse al espejo no es el mismo, ya no,
el tiempo pasa volando, también para el pobre Louis
que aún no pierde las ganas de podernos cantar.
Louis, Louis, Louis.

2. Volverá

El Canto del Loco (España)

Me acuerdo y pienso en el tiempo
que llevábamos sin vernos,
dos niños pequeños que lo sentían todo,
pero lo sigo sintiendo hoy por ti.

Recuerdos que tengo,
no entiendo que dejáramos de vernos,
buscando mil besos que no son nuestros besos,
deseo estar contigo hasta morir.

➡ Desesperándome, te buscaba en mis sueños
y ahogándome...
Volverá, seguro que volverá
y sigo sintiendo que echo de menos
que acabe mi soledad, volverá,
te juro que volverá ese amor verdadero
de cuando era pequeño, seguro que volverá, volverá.

Te miro, mi tiempo
y siento que tú eres lo que quiero
mi niña, mi sueño, todo eso que no tengo
y que sigo sintiendo hoy por ti.

Incluso en mis sueños me invento
y creo que te tengo, te toco,
tu cuerpo y sé que eso no es cierto
y que estoy acongojándome sin ti.

3. La vida es un carnaval

Celia Cruz (Cuba)

Azú... azú... azúcar.
Dale, sin comentarios. Dale, rosa mulata.
Baila, baila. A ver, báilame la salsa.

Todo aquél que piense
que la vida es desigual,
tiene que saber que no es así,
que la vida es una hermosura,
hay que vivirla.

Todo aquél que piense que está solo
y que está mal, tiene que saber
que no es así, que en la vida
no hay nadie solo, siempre hay alguien.

➡ Ay, no hay que llorar,
que la vida es un carnaval,
es más bello vivir cantando.
Oh, oh, oh! Ay, no hay que llorar,
que la vida es un carnaval
y las penas se van cantando.

Todo aquél que piense
que la vida siempre es cruel,
tiene que saber que no es así,
que tan solo hay momentos malos, y todo pasa.

Todo aquél que piense
que esto nunca va a cambiar,
tiene que saber que no es así,
que al mal tiempo buena cara, y todo cambia.

Carnaval...
es para reír,
no hay que llorar
para gozar,
Carnaval...
para disfrutar,
hay que vivir cantando.
Carnaval...
La vida es un carnaval
no hay que llorar
todos podemos cantar,
Carnaval...
ay, señores,
hay que vivir cantando.
Carnaval...
Todo aquél que piense
no hay que llorar
que la vida es cruel,
Carnaval
nunca estará solo,
para vivir cantando
Dios está con él.

4. Desiderata

Jorge Lavat (México)

Letra: Max Ehrmann

Camina plácido (조용히) entre el ruido y la prisa, y piensa en la paz que se puede encontrar en el silencio.

En cuanto sea posible y sin rendirte (굴복하지 않고), mantén buenas relaciones con todas las personas.

Enuncia (말하다) tu verdad de una manera serena y clara, y escucha a los demás, incluso al torpe (아무 생각 없는 바보 같은 사람들에게) e ignorante (무식한 사람들에게), también ellos tienen su propia historia.

Esquiva (피하다) a las personas ruidosas y agresivas, ya que son un fastidio (피곤한) para el espíritu.

Si te comparas con los demás, te volverás vano (아무 의미 없는) y amargado, pues siempre habrá personas más grandes y más pequeñas que tú.

Disfruta de tus éxitos lo mismo que de tus planes. Mantén el interés en tu propia carrera, por humilde (저급한) que sea, ella es un verdadero tesoro en el fortuito (뜻밖의) cambiar de los tiempos.

Sé cauto (조심성 있는) en tus negocios, pues el mundo está lleno de engaños; mas no dejes que esto te vuelva ciego (미래를 정확히 보지 못하는) para la virtud (德, 좋은 일) que existe.

Hay muchas personas que se esfuerzan por alcanzar nobles ideales, la vida está llena de heroísmo (영웅적 행위, 큰 용기).

Sé sincero contigo mismo.
En especial, no finjas (...하는 척하다) el afecto, y no seas cínico (냉소적인, 뻔뻔한) en el amor, pues en medio de todas las arideces (어려운) y desengaños (낙담스러운), es perenne (영원한) como la hierba.

Acata (받아들이다) dócilmente el consejo de los años abandonando con donaire (늠름하게) las cosas de la juventud.

Cultiva (키우다) la firmeza del espíritu para que te proteja en las adversidades (역경, 불운) repentinas, muchos temores nacen de la fatiga (피곤) y la soledad.

Sobre una sana disciplina sé benigno (관대한) contigo mismo.

Tú eres una criatura del universo, no menos que las plantas y las estrellas: tienes derecho a existir.

Y sea que te resulte (...처럼 보이다) claro o no, indudablemente el universo marcha como debiera.

Por eso debes estar en paz con Dios, cualquiera que sea tu idea de Él, y sean cualesquiera tus trabajos y aspiraciones, conserva la paz con tu alma en la bulliciosa (시끄러운) confusión de la vida.

Aun con toda su farsa (사기, 거짓), penalidades (슬픔) y sueños fallidos (이루어지지 않는 꿈), el mundo es todavía hermoso.

Sé cauto (조심성 있는). Esfuérzate (노력하라) por ser feliz.

5. Bésame

Aída Cuevas (México)

Letra: Juan Gabriel

Bésame, dame solo un beso, dame solo un beso tuyo, deja a un lado
el loco orgullo que no deja que te acerques ni un poquito a mí.

Dame un beso, que a mi boca, que tu boca me provoca
y a mi vida vuelve loca, mas no quiero que tú pienses
que es por conseguir, que tú cumplas mis antojos,
si no, mírame a los ojos y sabrás si estoy mintiendo
porque no es así, es porque desde hace buen tiempo,
este amor por ti yo lo siento tanto que te adoro de más.

Necesito un beso. ¡Vamos, dame un beso!
No seas tan tímido, anda, nada te va a pasar.

Bésame, a quién le tienes tanto miedo, bésame,
bésame, a quién le tienes tanto miedo, bésame.
Necesito un beso ¡Vamos, dame un beso!
¿No quieres darme un beso?

Bésame, bésame un poco, mira, bésame,
me vuelvo loca, mira, bésame, cuando te toco, mira, bésame,
me vuelvo loca, mira, bésame, desespero más.

Sabes que estoy enamorada de ti, pero me siento un poquitito mal,
será porque no me quieres besar.
Ay, bésame, ay, bésame, nada, nada, nada pasará.

Estoy enamorada como loca de ti.

Necesito un beso. ¡Vamos, dame un beso!
Yo te quiero mucho, bien lo sabes tú.
No seas tan tímido, vamos, nada te va a pasar.

Yo escogí este buen momento de decir por ti lo que siento,
bésame y lo comprobarás, bésame y tú lo sabrás
si es mentira o es verdad, cariño.

Bésame, a quién le tienes tanto miedo, bésame (bésame), bésame, a quién le tienes tanto miedo, bésame.

Necesito un beso. ¡Vamos, dame un beso!
¿No quieres darme un beso?

Bésame, bésame, un poco, mira bésame,
me vuelvo loca, mira, bésame, cuando te toco, mira, bésame,
me vuelvo loca, mira, bésame, desespero más.

Aunque sea un beso tuyo, deja a un lado el loco orgullo
que no deja que te acerques ni un poquito a mí.

Dame un beso de tu boca, que tu boca me provoca
y a mi vida vuelve loca, mas no quiero que tú pienses
que es por conseguir que tú cumplas mis antojos,
si no, mírame a los ojos y sabrás si estoy mintiendo
porque no es así, es porque desde hace buen tiempo,
este amor por ti yo lo siento tanto que te adoro de más.

Necesito un beso. ¡Vamos, dame un beso!
No seas tan tímido, anda, nada te va a pasar.

6. Fantasía o realidad

Alex Ubago (España)

Estoy buscando en vano una sola explicación
que de una vez por todas, justifique tanta incomprensión.
Si la vida nos importa y si no somos tan idiotas,
¿por qué nos dedicamos a cubrir el mundo de dolor?

¿Y es cierto lo que dicen sobre engaño y corrupción,
o que miles de niños se alimentan solo con arroz?
Y cuando miras al de al lado y lo ves tan necesitado,
¿qué regalo tan preciado la fortuna nos ha dado?

➡ ¿Y para qué medir el tiempo si lo nuestro es esperar?
¿Para qué sentirnos ciertos si la vida nos da igual?
¿O para qué creernos todo lo que vemos si, al final,
no sabemos ni siquiera si es fantasía o realidad?
O realidad, o realidad.

Buscan soluciones, con el racismo hay que acabar,
y no saben todavía por dónde van a empezar.
Y si todos los individuos fuéramos de un color distinto,
seguro seguiría habiendo problemas de igualdad racial.

Alguien dijo un día una indudable verdad,
olvidamos las pequeñas alegrías por lograr la gran felicidad.
Son detalles de la vida que dan otro punto de vista,
quizás sea demasiado tarde cuando los quieras valorar.

7. Llorando se fue

Cala (Región andina / Los Andes)

➡ Llorando se fue
y me dejó solo,
sin su amor.

Llorando se fue
y me dejó solo,
sin su amor.

Sola estará
recordando el amor
que el tiempo no puede borrar.

Sola estará
recordando el amor
que el tiempo no puede borrar.

La recuerdo hoy
y en mi pecho
no existe el rencor.

La recuerdo hoy
y en mi pecho
no existe el rencor.

Llorando estará
recordando el amor
que un día no supo cuidar.

Llorando estará
recordando el amor
que un día no supo cuidar.

8. México en la piel

Luis Miguel (México)

Como una mirada hecha en Sonora
vestida con el mar de Cozumel
con el color del sol por todo el cuerpo
así se lleva México en la piel.

Como el buen tequila de esta tierra o como un amigo en Yucatán,
en Aguascaliente deshilados o una lana tejida en Teotitlán.

➡ Así se siente México, así se siente México,
así como unos labios por la piel, así te envuelve México, así te sabe México, así se lleva México en la piel.

Como ver la sierra de Chihuahua o la artesanía en San Miguel,
remontar el Cerro de la Silla, así se lleva México en la piel.

Como acompañarse con mariachi para hacer llorar a esa canción,
en el sur se toca con marimba y en el norte con acordeón.

Como un buen sarape de Saltillo, como bienvenida en Veracruz,
la emoción de un beso frente a frente,
así se lleva México en la piel.

Como contemplar el mar Caribe, descubrir un bello amanecer,
o ver la fresca brisa de Morelia, la luna acariciando a una mujer.

9. Un buen perdedor

Franco de Vita (Venezuela)

Sé que piensas marcharte, ya lo sé,
y no te detendré, haz lo que tú quieras;
sin embargo, recuerda que yo estaré aquí
en el mismo lugar, y si solo tienes ganas de hablar
con gusto escucharé.

Y si él supo darte más amor,
supo llenarte más que yo.
Claro que sé perder, claro que sé perder.

No tienes por qué disimular,
esas lágrimas están de más;
si tienes que irte, vete ya.

➡ Sin embargo, esperaba que te quedaras,
pero el agua hay que dejarla correr,
mientras yo me tragaba palabras
que no pude decir.

Y si el viento hoy sopla a tu favor
yo no te guardaré rencor.
Claro que sé perder.

No será la primera vez,
hoy te vas tú, mañana me iré yo;
seré un buen perdedor
el mundo no cambiará: [no dudes de que]
alguien sin duda ocupe tu lugar.

10. La reunión de los juguetes

Tatiana (México)

Una tarde se reunieron los juguetes, se preguntaban
por qué no los querían, y comentó el juego de té
que era muy sabio: "ahora están jugando con nueva tecnología."

La muñeca que antes era vanidosa, con sus rizos despeinados sollozaba, suplicaba la caricia de una niña,
y en una esquina estaba muda la pelota.

➡ "¿Dónde habrá niños que quieran abrazarnos?,
hasta hace poco fuimos tan felices."
"¿Dónde habrá niños que quieran abrazarnos?",
preguntó con ojos tristes el payaso.

"¿Dónde habrá niños que quieran abrazarnos?",
pero el oso contestó: "No se preocupen, ahora se divierten
con pantallas y sonidos, debemos esperar pacientemente,
porque al fin nuestro trabajo es que los niños
vuelvan a ser nuestros amigos."

El hornito que hizo cientos de pasteles le dio la vuelta
al carrusel de mil colores, y al final de la reunión de los juguetes
afinaron sus gargantas y cantaron:

"¿Dónde habrá niños que quieran abrazarnos?",
preguntó con ojos tristes el payaso.
"¿Dónde habrá niños que quieran abrazarnos?
Pero el oso contestó: "No se preocupen,
los niños se cansaron de pantallas y sonidos,
qué bueno fue esperar y ser pacientes
porque, al fin, han regresado,
¡somos felices, volvieron a ser nuestros amigos!

11. Limón y sal

Julieta Venegas (México-EE.UU.)

Tengo que confesar que a veces
no me gusta tu forma de ser,
luego te me desapareces
y no entiendo muy bien por qué.

No dices nada romántico
cuando llega el atardecer,
te pones de un humor extraño
con cada luna llena al mes.

Pero todo lo demás
le gana a lo bueno que me das.

Solo [con] tenerte cerca,
siento que vuelvo a empezar.

Yo te quiero con limón y sal,
yo te quiero tal y como estás,
no hace falta cambiarte nada.

➡ Yo te quiero si vienes o si vas,
si subes y si bajas, y [si] no estás
seguro de lo que sientes.

Tengo que confesarte ahora:
nunca creí en la felicidad,
a veces algo se le parece
pero es pura casualidad.

Luego me vengo a encontrar
con tus ojos, me dan algo más,
solo [con] tenerte cerca,
siento que vuelvo a empezar.

Solo [con] tenerte cerca,
siento que vuelvo a empezar .

12. Amores dormidos

Edurne (España)

Letra: La Oreja de Van Gogh

Ven, y abrázame otra vez,
que no puedo dormir, me cuesta ser feliz.
Sé, que nada volverá, que nos faltó escuchar, es tarde para hablar.
Ves, aquello que se va, es nuestro amor
que está cansado de esperar.
No sé por qué, te quiero sin querer, me asusta verte bien, arrástrame esta vez.

➡ Hablo de amores dormidos, un álbum de fotos que sigue vacío,
de frío en la cama, de frío contigo
y un sordo paseo por el bulevar.
Hablo de amores dormidos que sienten que besan prohibido
y se hacen mil trampas, que no juegan limpio,
que miran sentados la vida pasar.

Tú prefieres dibujar y yo quiero pintar el mismo despertar.
Sé que todo esto pasó, porque ni tú ni yo tuvimos más valor.
Así que ven, y dime que esta vez me quieres proteger
del sueño que te hablé.

Te di mi voluntad, las ganas de luchar,
aunque como dormido,
a mal amigo mío, ese miedo a despertar

Hablo de amores dormidos,
que solo acarician [a] sus hijos,
que fueron tan buenos amigos,
que ya no podrán despertar.

13. Tu peor error

La Quinta Estación (España)

Hace tiempo que comento con la almohada,
que tal vez soy para ti solo una carga,
hace tiempo que ya no [*me*] creo nada,
y he notado tu sonrisa algo cansada.

Con los días se amontonan los momentos,
que perdimos por tratar de ser sinceros,
y aunque no me creas, creo que aún te creo,
y aunque no me quieras, creo que aún te quiero.

➡ Y yo, perdida entre la confusión, de no saber
si sí o si no, voy esquivando tus miradas.
Yo que he sido tu peor error, me quedo
con la sensación, de no tener las cosas claras.

He tocado con la punta de los dedos,
ese cielo que prometes con tus besos,
como niño me creí todos tus cuentos,
y aunque tú me entiendas, yo ya no te entiendo.

Solo quedan los recuerdos de ese invierno,
que pasamos enterrando sentimientos,
y aunque no me creas, creo que aún te creo,
y aunque no me quieras, creo que aún te quiero.

No he sido yo, lo amargo de tu voz,
la mala entre nosotros dos y no pasa nada.
Si apago la luz, si busco y no estás tú,
si el tiempo no nos dijo adiós y todo se acaba.

14. Como quien pierde una estrella

Alejandro Fernández (México)

➡ ¡Te quiero!

Lo digo como un lamento,
como un quejido que el viento
se lleva por dondequiera.

¡Te quiero!

Qué pena haberte perdido
como quien pierde una estrella
que se le va al infinito.

Ay, aaaaaaaay
Ay, aaaaaaaay

Ay, quiero que se oiga mi llanto
como me dolió perderte
después de quererte tanto.

Ay, después de quererla tanto,
Diosito dame consuelo
para sacarme de adentro
esto que me está matando.

Ayaaaaaaaaaay
Ayaaaaaaaaaay

¡Te quiero!

15. Mayonesa

Chocolate (Uruguay)

➡ Y haciendo palmas, y arriba y arriba,
ese coro que arranca, ¿qué dice, qué dice?
"Bate que bate, con chocolate, bate que bate,
bate que bate, que bate chocolate."

Un tatuaje en la espalda, negra la minifalda,
zapatos y el top, misteriosa ella bailaba,
yo la estaba mirando desde que llegó.

De repente su mirada en mis ojos se clavó,
sosteniendo la mirada, se acercó y sin decir nada,
me agarró fuerte la cara y a la pista me arrastró.

➡ Mayonesa, ella me bate como haciendo mayonesa,
todo lo que había tomado se me subió pronto a la cabeza.
Mayonesa, ella me bate como haciendo mayonesa,
no sé ni cómo me llamo ni dónde vivo ni me interesa.

¡Me contaron mis amigos que me encontraron bailando solo!

[*Hablando*]
-¡Qué tal, Pedro, cabrito! Cómo se reía esa mina
cuando vos repetías, repetías y repetías...
-¿Yo repetía?, ¿que repetía qué?
-¡Soy mayonesa!

Anexo[1]
Respuestas

➡ Lección 1. Ejercicio 3. Veamos las respuestas

Pregunta 1. El orden puede ser diferente

a) dromedario: animal semejante al camello que tiene solamente una giba adiposa.

b) hipódromo: lugar destinado a carreras de caballos

c) canódromo: lugar preparado para carreras de perros

d) autódromo: pista para ensayos y carreras de automóviles

e) velódromo: lugar destinado para carreras en bicicleta

f) palíndromo: frase que se lee igual de izquierda a derecha, que de derecha a izquierda

Otros ejemplos: aeródromo (aeropuerto pequeño, generalmente de uso militar), rocódromo (lugar para espectáculos en serie al aire libre), sambódromo (lugar donde desfilan las escuelas de samba en Brasil).

Pregunta 2.

a) camello (tiene dos gibas o jorobas)

b) dromedario (tiene una giba y corre más rápidamente que el camello)

➡ Lección 1. Ejercicio 5. Veamos las respuestas

1. hipódromo
2. dromedario
3. bicicleta
4. joroba || adiposa
5. autódromo
6. gibas / jorobas
7. canódromo
8. confianza
9. quien
10. camello || dromedario

➡ Lección 2. Ejercicio 2. Veamos las respuestas

1. barbarismo
2. M - sobra "e"
3. B
4. B
5. M - falta "o"
6. M - "...tes"
7. B
8. B
9. M - con "s"
10. M - falta "r"
11. B
12. M - "intem..."
13. M - "...nea"
14. M - "inau..."
15. B
16. M - hay / somos muchos
17. M - sobra "s" final
18. B
19. M - sobra "c"

➡ Lección 2. Ejercicio 4. Veamos las respuestas

1. llegado || VERBO en INFINITIVO
2. venido || VERBO en INFINITIVO
3. visto (Significa que no vieron la película.)
4. hecho (Significa que no hicieron la práctica final.)
5. incluido (Significa que no incluyó a Juan en el equipo.)

➡ Lección 3. Ejercicio 5. Veamos las respuestas

1. tarjeta de red
2. computadora portátil
3. ratón
4. tarjeta de memoria
5. pantalla
6. antena
7. antena de red
8. bocina | altavoz
9. tableta
10. disco de memoria externa
11. audífonos
12. regulador de Internet
13. diccionario electrónico
14. computadora de escritorio
15. procesador
16. teclado
17. impresora
18. memoria externa
19. *I Phone* (no hay en español)
20. celular | móvil
21. audífonos
22. discos compactos
23. reproductor de música
24. reproductor de videos
25. entrada múltiple
26. navegador
27. escáner

➡ Lección 3. Ejercicio 7. Veamos las respuestas

1. archivo adjunto
2. publicar | publicado
3. copia de seguridad
4. correo electrónico
5. enlace | vínculo
6. icono | ícono
7. página web
8. editar
9. clic
10. emoticono

➡ Lección 4. Ejercicio 2. Veamos las respuestas

1. circunferencia
2. círculo

3. esfera

Lección 4. Ejercicio 6. Veamos las respuestas

1. arquitectura
2. escultura
3. pintura
4. música
5. danza
6. literatura
7. cine

Lección 6. Ejercicio 4. Veamos las respuestas

1. huerto
2. huerta
3. el huerto
4. huertas

* *Para el juego de "La campana dorada"* (*Golden Bell*)

a. Palabra que se relaciona en general con el ganado. PECUARIO
b. Palabra que se relaciona en general con el toro o la vaca. GANADERÍA
c. Palabra que se relaciona en general con las abejas. APÍCOLA
d. Palabra que se relaciona en general con la agricultura. AGRÍCOLA
e. Palabra que se relaciona en general con las ovejas o borregos. OVINO
f. Palabra que se relaciona en general con el cultivo de frutas. FRUTICULTURA
g. Palabra que se relaciona en general con la leche. LÁCTEO
h. Un producto de la leche. (RESPUESTAS VARIAS)
i. Palabra que tenga relación con la agricultura y la ganadería. AGROPECUARIO
j. Palabra que se relaciona en general con el cerdo. PORCINO
k. Palabra que se relaciona en general con las aves. AVÍCOLA
l. Lugar pequeño donde se cultivan verduras. HUERTO
m. Palabra que se relaciona en general con los bosques. FORESTAR
n. Lugar extenso donde se cultivan legumbres y árboles frutales. HUERTA
o. Palabra que se relaciona en general con los huertos y las huertas. HORTICULTURA
p. Cómo se le llama al árbol que da fruta. FRUTAL
q. Cómo se le llama a la hembra del toro. VACA
r. Cómo se le llama a la casa de las abejas. PANAL
s. Nombre de una fruta. (RESPUESTAS VARIAS)

t. Nombre de una verdura. (RESPUESTAS VARIAS)
u. Cuál es el tema de esta clase. LAS DELICIAS DEL CAMPO

➡ Lección 6. Ejercicio 5. Veamos las respuestas

Verduras

1. las zanahorias
2. las calabacitas
3. los tomates (jitomates, en México)
4. los nabos
5. las cebollas
6. la lechuga
7. el aguacate
8. Básicamente, no hay ninguna diferencia.

Frutas

1. las fresas
2. los melones
3. la sandía
4. los plátanos
5. las piñas
6. las mandarinas

➡ Lección 7. Ejercicio 2. Veamos las respuestas

1. palmeados
2. el pato
3. el pelícano
4. el pingüino

➡ Lección 7. Ejercicio de las 3 lecturas. Veamos las respuestas

1. No es un pez, es un mamífero
2. Con sirenas
3. La salamanquesa
4. Carlos Darwin
5. Porque no tuvieron predadores durante miles de años
6. (Respuesta libre: elegir un animal como mascota)

➡ Lección 8. Ejercicio 2. Veamos las respuestas

1. gastronomía
2. (d)
3. (a)
4. (c)
5. (b)

➡ Lección 10. Ejercicio 4. Veamos las respuestas

1. el / la electricista
2. el / la piloto
3. el secretario / la secretaria
4. el obrero/ la obrera
5. el / la chofer / chófer
6. el doctor / la doctora | el médico / la médica
7. el enfermero / la enfermera
8. el / la agente de seguros
9. el / la policía
10. el gerente / la gerenta
11. el bombero / la bombera
12. el cartero / la cartera
13. el profesor / la profesora
14. el pintor / la pintora
15. el cocinero / la cocinera
16. el peluquero / la peluquera
17. el / la cantante
18. el cajero / la cajera
19. el dependiente / la dependienta
20. el / la artista
21. el bailarín / la bailarina
22. el / la economista
23. el / la burócrata
24. el diplomático / la diplomática
25. el juez / la jueza
26. el mesero / la mesera | el camarero / la camarera
27. el / la mecánico
28. el jardinero / la jardinera
29. el / la dentista | el odontólogo / la odontóloga
30. el gastroenterólogo / la gastroenteróloga
31. el / la pediatra
32. el / la geriatra
33. el cardiólogo / la cardióloga
34. el ginecólogo / la ginecóloga
35. el cirujano / la cirujana
36. el dermatólogo / la dermatóloga
37. el otorrinolaringólogo / la otorrinolaringóloga
38. el maestro / la maestra (de artes marciales)
39. el / la comerciante
40. el zapatero / la zapatera
41. el agricultor / la agricultora | el campesino / la campesina
42. el pescador / la pescadora
43. el / la pianista
44. el director / la directora (de orquesta)
45. el minero / la minera
46. el / la alpinista
47. el / la fiscal
48. el abogado / la abogada
49. el / la estilista
50. el presentador / la presentadora | el locutor / la locutora

Lección 12. Ejercicio 5. Veamos las respuestas

En todos los casos, las opciones correctas son las de artículo masculino.
el hada | el aula | el agua | el hacha | un agua | un aula | un hada | un águila

Lección 13. Ejercicio 2. Veamos las respuestas

(3) monstruo: Producción contra el orden regular de la naturaleza.
(5) monstruo: Ser fantástico que causa espanto.
(4) monstruo: Cosa excesivamente grande o extraordinaria en cualquier línea.
(1) monstruo: Persona muy cruel y perversa.
(2) monstruo: Persona que en cualquier actividad excede en mucho las cualidades y aptitudes comunes.

Lección 13. Ejercicio 5. Veamos las respuestas

* Para imprimir con letras grandes (solo debemos quitarles los números y pegarlas alrededor del salón para que el juego sea más divertido)

1. vagaroso
2. veterinaria
3. visado
4. voyeur
5. wáter
6. waterpolo
7. wéstern
8. xenofobia
9. xenón
10. xilófono
11. xilografía
12. yegua
13. yermo
14. yerno
15. yudo
16. yuxtapuesto
17. zafarrancho
18. zafiro
19. zigzag
20. Zodíaco o Zodiaco

Lección 14. Ejercicio 4. Veamos las respuestas

1. No.
2. Sí.
3. Sí.
4. No.
5. No, primero el postre y el café al final.
6. Sí.
7. No.
8. Sí.
9. No.
10. No.

➡ Lección 15. Ejercicio 4. Las respuestas son libres, algunas posibles serían:

Caso 1. El que habla es futbolista. || Tiene prestigio de buen jugador. || Juega en un equipo español.

Caso 2. Hay un culpable. || Algunos son inocentes. || Hubo un problema causado por alguno(s) de ellos. || El que habla no tuvo la culpa.

Caso 3. Se trata de un hombre o de un niño. || Debe estar muy cansado. || Está cabeceando. || Todavía no está dormido.

Caso 4. Fue una discusión grave. || Hay o hubo guerra. || Al menos, hay dos discutiendo.

Caso 5. En algo están de acuerdo. || El que habla es el que juzga. || Se tienen confianza porque se tutean.

➡ Lección 15. Ejercicio 5. Veamos las respuestas

1. punto negro
2. a tal punto que
3. punto de vista
4. Hasta cierto punto
5. a punto de
6. punto negro || 7. punto de vista

➡ Lección 17. Ejercicio 4. Veamos las respuestas

CASO 1.

1. dijo / preguntó || iba
2. dijeron || estaban
3. les || preguntó / dijo || preferían

CASO 2.

1. dijo || había desayunado
2. dijo || había tomado
3. le || preguntó || había tenido

CASO 3.

1. les || preguntó || habían venido
2. le || dijo || había pensado
3. les || preguntó || si || habían decidido

CASO 4.

1. dijo || ayudaba || su

2. dijo || era || dormía

3. le || preguntó || si || iba

CASO 5.

1. le || dijo || llevaría

2. le || dijo || tomaría

3. le || dijo || compraría

CASO 6.

1. preguntó || si || su || habría estudiado

2. preguntó || si || habría comprado

3. preguntó || si || habría sido

CASO 7.

1. les || dijo || buscaran || sus

2. le || dijo || preparara

3. le || dijo || regresara

➡ Lección 17. Ejercicio 5. Veamos las respuestas

1. le || le || trajera (caso 7)
2. dijo || ahí || pasaba (caso 1)
3. esa || podía (caso 4)
4. esos || eran (caso 1)
5. le || nacería || ella (caso 5)
6. La || le || se || pusiera (caso 7)
7. a || Eva || si || iba || su || le || daría (casos 1 y 5)
8. si || había pasado || ahí (caso 3)
9. ese/este || había invitado (caso 2)
10. si || había terminado || su (caso 3)
11. respondía || si || habría quedado (casos 1 y 6)
12. caminaba || debía (caso 4)
13. ese || había habido (caso 2)
14. si || habrían firmado (caso 6)

➡ Lección 18. Ejercicio 2. Veamos las respuestas

1. paupérrimo || pobrísimo
2. libérrimo || X

3. nigérrimo || negrísimo
4. celebérrimo || X
5. misérrimo || X
6. aspérrimo || asperísimo
7. pulquérrimo || pulcrísimo

➡ Lección 19. Ejercicio 2. Veamos las respuestas

1. María
2.1. carta: correspondencia que se envía por correo postal
2.2. carta: menú de un restaurante
3.1. lengua: idioma
3.2. lengua: órgano que se ubica dentro de la boca

➡ Lección 19. Ejercicio 5. Veamos las respuestas

1. don Pablo y doña Laura
2. Martita y Sonia
3. Tere y Beto
4. Manuel y Tania
5. Tere y Beto
6. Tania ("tía política" por estar casada con el hermano de su mamá)
7. Rubén, Adriana y Manuel
8. Manuel
9. Iván
10. ocho (Martita, Andrea, Óscar, Ana, Sergio, Tania, Roberto y Rubén)
11. Manuel y Tania
12. Andrea
13. nueve (Martita, Sonia, Iván, Andrea, Óscar, Ana, Sergio, Tere y Beto)
14. primos políticos
15. doña Laura

➡ Lección 20. Ejercicio 5. Veamos las respuestas

1. b) 2. a)

3. b)
4. a)
5. b)
6. b)

Lección 21. Ejercicio 6. Veamos las respuestas

1. indiscreto
2. inmóvil
3. ilimitado
4. ilegal
5. desalentado
6. inconcluso
7. ineludible
8. desacostumbrado
9. ilegible
10. insalubre

Lección 22. Ejercicio 5. Veamos las respuestas

1. levantaras || llegarías
2. fumaras || estarías
3. ayudaras || terminaría
4. hubiera sabido || habría ido / iría
5. hubieras dicho || habríamos invitado / invitaríamos

Lección 22. Ejercicio 6. Veamos las respuestas

1. habrías encontrado
2. habría invitado
3. habrías ido
4. habríamos hablado
5. habría conocido
6. habría salido
7. habría ido
8. habría seguido
9. habríamos salido
10. habríamos sido

Lección 23. Ejercicio 4. Veamos las respuestas

1. (3)
2. (2 y 3)
3. (2 y 4)
4. (4)
5. (1)

➡ Lección 23. Ejercicio 5. Veamos las respuestas

1. ama...
2. trabaja...
3. llega...
4. piensa...
5. haz...
6. cuida...
7. sé...
8. sueña...
9. ten...

➡ Lección 25. Ejercicio 4.

* Para imprimir con letras grandes (solo debemos quitarles los números y pegarlas revueltas alrededor del salón para que el juego sea más divertido)

1. Cervantes
2. Juan Rulfo
3. Pablo Neruda
4. Pelé
5. Rubén Darío
6. Gabriela Mistral
7. Gustavo Adolfo Bécquer
8. Valle Inclán
9. Madre Teresa de Calcuta
10. Papa Francisco I
11. El Cid Campeador
12. Che Guevara
13. El Greco
14. Jorge Luis Borges y Adolfo Bioy Casares
15. Ricky Martin
16. Shakira
17. Diego Armando Maradona
18. Subcomandante Marcos
19. Sor Juana Inés de la Cruz
20. Francisco (Pancho) Villa

➡ Lección 26. Ejercicio 4. Veamos las respuestas

* Para imprimir con letras grandes (solo debemos quitarles los números y pegarlas revueltas alrededor del salón para que el juego sea más divertido)

1. abulia
2. adefesio
3. aforismo
4. alopecia
5. ánade
6. caterva
7. cocoliche
8. piropo
9. dédalo
10. dintel
11. escarceo
12. magenta
13. orario
14. parafernalia
15. vitolfilia
16. clepsidra
17. incunable
18. jaqueca
19. sargazo
20. quilate

➡ Lección 26. Ejercicio 5. Veamos las respuestas

1. ánade - escarceo - clepsidra - sargazo
2. abulia - alopecia - jaqueca - adefesio
3. orario - parafernalia
4. vitolfilia
5. aforismo - cocoliche- piropo - dédalo
6. dintel - adefesio

Anexo 2
Material para recortar

Lección 13. *Palabras nuevas*

Nombre del alumno: ____________

1. ____________: Alguien o algo que fácilmente y de continuo se mueve de una a otra parte.

2. ____________: Ciencia que cura las enfermedades de los animales.

3. ____________: Acción y efecto de revisar la autoridad un documento para darle validez.

4. ____________ : Persona que disfruta contemplando actitudes íntimas de otras.

5. ____________ : Inodoro | Cuarto de baño

6. ____________: Juego practicado en una piscina entre dos equipos de siete jugadores cada uno, que consiste en introducir el balón con la mano en la portería contraria mientras se nada.

7. ____________: Género de películas del Lejano Oeste.

8. ____________: Odio, rechazo u hostilidad hacia los extranjeros.

9. ____________: Elemento químico de núm. atóm. 54. Gas noble presente en el aire en pequeñísima cantidad, denso, incoloro y no del todo inerte.

10. ____________ : Instrumento musical de percusión formado por láminas generalmente de madera, ordenadas horizontalmente según su tamaño y sonido, que se hacen sonar golpeándolas con dos baquetas.

11. ____________: Arte de grabar en madera. Impresión tipográfica hecha con planchas de madera grabadas.

12. ____________ : Hembra del caballo.

13. ____________: Terreno no habitado, sin cultivar.

14. ____________: Respecto de una persona, el esposo de su hija.

15. ____________: Sistema japonés de lucha, que hoy se practica también como deporte, y que tiene por objeto principal defenderse sin armas mediante llaves y movimientos aplicados con destreza.

16. ____________: Colocado junto a algo o en posición inmediata a algo. Se dice también de las palabras formadas por una simple a la que se antepone otra palabra completa, conservando ambas su significación original.

17. ____________: Destrozo. | Riña, pelea.

18. ____________: Piedra preciosa de color azul.

19. ____________: Línea que en su desarrollo forma ángulos alternativos, entrantes y salientes.

20. ____________: Zona o faja celeste que indica el espacio en que se contienen los planetas y comprende los 12 signos, casas o constelaciones que recorre el Sol en su curso anual aparente: Aries, Tauro, Cáncer, Virgo, Acuario, Piscis, Sagitario, Escorpio, Leo, Libra, Capricornio y Géminis.

Lección 17. *Qué dicen los demás*

Nombre del alumno: ____________

CASO - 1	**PRESENTE a PRET. IMPERFECTO**
Pedro: "Estoy enfadado."	Pedro dijo que estaba enfadado.
PRESENTE ⟶	PRET. IMPERFECTO (~aba, ~ía, iba, era)

CASO - 2	**PRETÉRITO SIMPLE a PLUSCUAMP.**
Joel: "Compré una pluma."	Joel dijo que había comprado una pluma.
PRETÉRITO SIMPLE ⟶	PLUSCUAMPERFECTO (había ~ado, ~ido)

CASO - 3	**PRETÉRITO PERF. a PLUSCUAMP.**
Beto: "Me he quedado dormido"	Beto dijo que se había quedado dormido.
PRETÉRITO PERFECTO ⟶	PLUSCUAMPERFECTO (había ~ado, ~ido)

CASO - 4	**PRETÉRITO IMPERFECTO**
Ana: "Yo viajaba con frecuencia."	Ana dijo que viajaba con frecuencia.
PRET. IMPERFECTO ⟶	PRET. IMPERFECTO (~aba, ~ía, iba, era)

CASO - 5	**FUTURO a CONDIC. SIMPLE**
Lucía: "Te llamaré más tarde."	Lucía dijo que *me* llamaría más tarde.
FUTURO ⟶	CONDICIONAL SIMPLE (~ría)

CASO - 6	**CONDIC. SIMPLE a CONDIC. COMPUESTO**
José: "¿Juan encontraría trabajo?"	José preguntó que si Juan habría encontrado trabajo.
CONDICIONAL SIMPLE ⟶	CONDIC. COMP. (habría ~ado, ido, to, cho)

CASO - 7	**IMPERATIVO a PRETÉRITO SUBJUNTIVO**
Profesora: "Vayan al museo."	La profesora dijo que fueran al museo.
MODO IMPERATIVO ⟶	PRETÉRITO SUBJUNTIVO (~ara, ~era)

Lección 18. *Recuerdos de la niñez*

Nombre del alumno: ____________

Calificación: ____________

¿Qué recuerdan mis compañeros de cuando eran niños?

EJEMPLO[1]: Liliana les cortó el pelo a sus hermanos. (ALGO que pasó solo UNA vez)

PRETÉRITO SIMPLE (fue, hizo, cantó...)

EJEMPLO[2]: A Luis le gustaba jugar futbol y cantar. (HECHOS imprecisos en el tiempo)

PRETÉRITO IMPERFECTO (...aba, ...ía, era, iba)

EJEMPLO[3]: Carlos quería viajar por todo el mundo. (HECHO o CARÁCTER, imprecisos en el tiempo o más de una vez)

IMPERFECTO (...aba, ...ía, era, iba)

1. ____.
2. ____.
3. ____.
4. ____.
5. ____.
6. ____.
7. ____.
8. ____.
9. ____.
10. ____.

Lección 21. *Palabras antónimas*

Nombre del alumno: ____________

anormal (que no es normal, que no actúa normalmente)

asexuado (無性의[que no tiene sexo], 무성생식의)

asimetría (불균형) - sustantivo

atípico (특별한)

desabastecer (공급을 그만두다/abastecer 공급하다)

desacato (불경, 무례)

desacierto (예상에서 벗어남, 실수)

desaconsejar (그만두게 하다, 설복하다)

desacostumbrado (que [ya] no tiene esa costumbre)

desalentado (실망한)

desarraigo (송두리째 뽑기)

despreocupado (que no se preocupa)

descentrar (sacar o mover fuera del centro)

descortés (que no tiene cortesía)

desenfocar (sacar del foco de la cámara)

desobediente (que no obedece)

disconforme (불일치의)

discontinuo (불연속적인)

ilegal (불법적인)

ilegible (que no se puede leer)

ilegítimo (탈법적인)

ilimitado (que no tiene límite)

imborrable (que no se puede borrar)

imperceptible (인식할 수 없는)

impúdico (철면피의, 부끄러움을 모르는)

inaccesible (de difícil acceso)

inaceptable (que no se puede aceptar)

inaudible (que no se puede escuchar)

incoherente (앞뒤가 맞지 않는, 연결이 안 되는)

incierto (que no es seguro)

inconcluso (que no está terminado)

inconforme (que no está conforme)

incongruente (앞뒤가 맞지 않는, 연결이 안 되는)

incorrupto (부패하지 않은, 매수되지 않는)

indiscreto (que no guarda secretos)

ineludible (불가피한)

infalible (확실한)

inmóvil (que no se puede mover)

inmutable (변하지 않는)

irracional (que no usa la razón)

irrealizable (que no se puede realizar)

irreductible (더 이상 줄일 수 없는)

irresoluble (que no se puede resolver)

insalubre (비위생적인)

insoluble (녹지 않는, 해결될 수 없는)

inverosímil (que no se puede creer)

invidente (que no puede ver, ciego)

invulnerable (상처를 입힐 수 없는)

Lección 26. *Palabras nuevas*

Nombre del alumno: ____________

1. ____________: Falta de voluntad o disminución notable de energía. Con el prefijo a se indica la falta de voluntad.

2. ____________: Persona o cosa ridícula, extravagante o muy fea.

3. ____________: Frase célebre, como por ejemplo: "Pienso, luego existo" de Descartes.

4. ____________: Enfermedad que provoca la caída o pérdida del cabello.

5. ____________: También se le llama "pato".

6. ____________: Multitud de personas o cosas consideradas en grupo, pero sin armonía, o de poco valor e importancia. Se usa en sentido peyorativo (para ofender).

7. ____________: Jerga híbrida que hablan ciertos inmigrantes italianos, mezclando italiano con el español, especialmente en Buenos Aires.

8. ____________: Lisonja, adulación que se hace generalmente a las mujeres bonitas cuando van por la calle.

9. ____________: Laberinto. Cosa confusa y enredada.

10. ____________: Parte superior de puertas y ventanas.

11. ____________: Movimiento en la superficie del mar, con pequeñas olas que se levantan en los lugares en que hay corrientes.

12. ____________: De color rojo oscuro. Colorante de tono rojo oscuro.

13. ____________: Estola grande y preciosa que usa el Papa.

14. _____________: Conjunto de usos habituales en determinados actos oficiales y ceremonias. || Conjunto de objetos que en ellos se emplean.

15. _____________: Afición a coleccionar vitolas, anillos de puros antiguos y modernos.

16. _____________: Reloj de agua. Artificio para medir el tiempo por medio del agua que va cayendo de un vaso a otro.

17. _____________: Libros impresos con tipos móviles desde la aparición de la imprenta y hasta el año 1500 .

18. _____________: Cefalea, dolor de cabeza muy intenso.

19. _____________: Alga marina. Una parte parece raíz y otra parece un tallo.

20. _____________: Medida para pesar las piedras preciosas y el oro.

저자소개

끌라우디아 마시아스 Claudia Macías

멕시코 국립대학원대학교(El Colegio de México) 문학박사
서울대학교 서어서문학과

윤봉서 Yoon, Bong-Seo

멕시코 국립자치대학교(Universidad Nacional Autónoma de México) 문학박사
서울대학교 서어서문학과